本书为北京市教育科学"十三五"规划2016年度单位资助校本研究
——《集团化办学背景下构建教师领导型治理结构的行动研究》

# 多元群动 和谐共治

北京市东城区史家教育集团 编著

中国发展出版社
CHINA DEVELOPMENT PRESS

## 图书在版编目（CIP）数据

多元群动　和谐共治/北京市东城区史家教育集团编著 .
北京：中国发展出版社，2018.8
ISBN 978 - 7 -5177 -0889 -6

Ⅰ. ①多…　Ⅱ. ①北…　Ⅲ. ①小学教育—教育研究
Ⅳ. ①G622. 0

中国版本图书馆 CIP 数据核字（2018）第 191797 号


书　　　名：多元群动　和谐共治
著作责任者：北京市东城区史家教育集团
出 版 发 行：中国发展出版社
　　　　　　（北京市西城区百万庄大街 16 号 8 层　100037）
标 准 书 号：ISBN 978 - 7 - 5177 - 0889 - 6
经　销　者：各地新华书店
印　刷　者：三河市东方印刷有限公司
开　　　本：710mm × 1000mm　1/16
印　　　张：12. 5
字　　　数：186 千字
版　　　次：2018 年 8 月第 1 版
印　　　次：2018 年 8 月第 1 次印刷
定　　　价：32. 00 元

联 系 电 话：(010) 68990642　68990692
购 书 热 线：(010) 68990682　68990686
网 络 订 购：http：//zgfzcbs. tmall. com//
网 购 电 话：(010) 68990639　88333349
本 社 网 址：http：//www. develpress. com. cn
电 子 邮 件：fazhanreader@ 163. com

# 本书编委会

**编委会主任：**

王　欢　洪　伟

**编委会副主任：**

范汝梅　金　强　南春山　陈凤伟　王　伟　金少良

**主编：**

洪　伟

**编委：**（按姓氏笔画排序）

| | | | | | |
|---|---|---|---|---|---|
| 丁　娟 | 万　平 | 马淑芳 | 王　伟 | 王　晔 | 王秀鲜 |
| 王继红 | 王燕红 | 冯思瑜 | 邢　超 | 吕闽松 | 朱锡昕 |
| 乔　红 | 任江晶 | 刘　颖 | 刘　霞 | 刘冠廷 | 闫　旭 |
| 闫　欣 | 杨　丽 | 杨　京 | 李　阳 | 李　娟 | 李大明 |
| 李丽霞 | 李奕晖 | 肖　润 | 吴　玥 | 谷　莉 | 汪　忱 |
| 宋　菁 | 张　怡 | 张立新 | 张均帅 | 张秀娟 | 张欣欣 |
| 张冀兵 | 陈　纲 | 陈　燕 | 陈亚红 | 武　炜 | 金少良 |
| 周　霞 | 单博文 | 赵　杰 | 赵鹏秋 | 赵慧霞 | 顾国威 |
| 高李英 | 高金芳 | 郭志滨 | 曹　菲 | 曹素清 | 崔　旸 |
| 梁　晨 | 韩巧玲 | 景立新 | 傅娜娜 | | |

# 目　录

# 附　录

# 第 **1** 章

## 导　言

在基础教育综合改革领域，集团化发展正在成为越来越多学校的战略选择。从系统论、整体观出发，学校集团化发展主要分为教育质量提升与教育公平拓展两个方面，而提质量与拓公平之间具有同构、同轨、同步的原生空间。那么，如何让集团化办学切实推动基础教育优质均衡发展呢？史家教育集团走出了一条活力无限的创新发展之路。

## 集团化办学概况

史家教育集团是在义务教育综合改革中应运而生的教育公平命运共同体。集团龙头校史家小学始建于1939年。自20世纪90年代以来，学校以"和谐教育"为办学特色，在教育教学实践中形成了"人与知识、人与自身、人与人、人与社会、人与自然"为框架的和谐育人体系。2008年4月，史家小学携手七条小学共建深度联盟校，开启了区域教育均衡发展之路。2011年2月，深度联盟建设实施"一长执两校"制度，提升了两校发展的紧密度。2014年，北京市推进义务教育优质均衡发展的政策引领，为首都教育创造了无限可能、创生了无尽梦想。史家人光荣地承担多项改革任务。一是史家小学与遂安伯小学实施一体化管理，共建跨校区的优质资源带；二是原曙光小学升级为九年一贯制的史家实验学校，与史家小学实现紧密型发展；三是西总布小学、史家小学分校作为保留法人代表的深度联盟校，与史家小学实现相对紧密型发展。2015年1月，群聚六所学校的史家教育集团正式成立，为促进教育公平、推动区域均衡打造了一个新载体。集团还与史家小学通州分校、延庆县第二小学组成城乡一体化学校，形成了"1+1+11"和"2+2+2"的办学格局，进一步拓展了史家教育的优质均衡效应。

"集团化办学关乎片区内每一个家庭的教育向往和每一个孩子的人生选

择，怎能不让每一个史家人朝夕连心、日夜牵怀!"集团成立后，为了把优质均衡效应拓展至各校区，史家人把教学空档期变为规划满档期，把工作休息日变为研究提速日，把改革效应点变为发展创新点，持续不断地推进学校改革、提升教育品质。特别是史家人孜孜探求如何突破各种教育要素的固有边界，使其按照集团化办学的现实需求以更加灵活的方式发生聚变，进而在一个全新的教育公平命运共同体中创造性地生发改革与发展的内动力，让更多的教师得到更为融合的专业成长，让更多的孩子享受更加优质的教育供给。

集团的第一个五年发展规划确定了"五年期、三步走"的战略步骤，即：初建期（2014～2015 年）重在制定标准、形成体系；发展期（2015～2017 年）重在打造精品、树立标杆；成熟期（2017～2019 年）重在提升品牌、优质均衡。在发展规划的引领下，史家人每一天都站在教育新起点，胸有家国情怀，心系人民福祉，满怀使命，满载责任，深入推动集团教育的优质均衡发展，为国家培养人才、办好人民满意的教育而不懈努力着。实际上，史家人同心携手、并肩开步，仅用三年时间就圆满完成了五年规划的目标。在实践成果的基础上，史家人又编制了下一个三年（2018～2020 年）的发展规划，明确了"全面固化经验、深化实践、强化成果，努力办好人民满意的史家卓越教育"的工作重点。

自集团成立以来，战略规划、学年计划、优质课程、品牌项目、教师培训、大型活动等都是全集团统筹、各校区参与。在此过程中，集团各校区、各中心、各部门、各年级稳步提升一体化发展水平，全面推进理念互通、教师流动、资源同享、机制联动、品牌共生。正如集团王欢校长所强调的，史家人要让教育均衡在品质提升中积聚、教育品质在均衡拓展中集成；要让史家教育的优秀经验得到深度传播、核心精神得到深度解析、优质资源得到深度拓展；要为国家培养"担当民族复兴大任的时代新人"；要让更多的孩子享受到更加优质的教育；要让更多的老百姓感受到看得见、摸得着的教育幸福!

基于此，史家人系统调研、综合分析，形成了集团化办学的理念、战略、机制等顶层设计，创生了一系列教育综合改革的"史家经验"，集团育人呈现出"动力群多样、群动力丰富"的发展态势。具体表现为：理念创新带动——以"和谐+"为建设理念，让教育优质在均衡拓展中提升，让教育均衡在优质提升中拓展；战略创新驱动——丰富了史家小学"种子计划"的主体内容，使其成为集团核心发展战略；架构创新促动——确立了"条块并举、纵横贯通、统分结合"的组织架构，推进"教师领导型治理结构"的不断形成；机制创新联动——以"协同机制""互通机制""荣点机制""复盘机制"和"督导机制"保障集团的良好运转；队伍创新推动——给领袖教师赋权，为全体教师增能，并依托领袖教师群的打造，内在推动集团、教师、学生的同频发展。

奋进新时代，筑梦新征程。始发于办学理念、战略、架构、机制、队伍的无边界融合，继起于育人模式、课程、课堂、活动、项目的有品质熔炼，史家教育集团正在一个独具特色的品牌化发展场域中创始无数荣点、创启无限可能、创生无尽梦想！

这是一方学生成长的主场，基于先体验后选择的学业自主，每一个学生都各得其乐、健康成长。

这是一处教师发展的现场，基于真实育人情境的专业提升，每一位教师都各尽其才、幸福工作。

这是一片学校建设的磁场，基于要素深层流动的治理集成，每一所学校都各美其美、美美与共！


# 集团成员校概况

在生命能量的供给侧欣然萌动，在教育改革的沃土中自然生发，全体史家人在梦想征途上合力推进集团建设、教师发展与学生成长，携手播种了一片生机勃发的史家教育。

## 一、史家小学（含遂安伯小学）概况

史家小学始建于1939年，经过70余年的发展，跻身北京市乃至全国名校行列。"家国情怀"是学校的教育底蕴；"和谐教育"是学校的办学特色；"种子计划"是学校的发展战略。

在北京市义务教育综合改革中，史家小学携手遂安伯小学、史家实验学校、史家七条小学、史家小学分校、西总布小学，组建了一个集"入盟入带一贯制"为一体的史家教育集团，为促进教育公平、推动区域均衡打造了一个新的载体。其中，遂安伯小学师生教学全部融入史家，原校址成为史家小学一年级校区。

集团成立后，为破解一体化建设的诸多难题，史家人展开系统调研和综合分析，完成了集团化办学的理念、战略、机制等顶层设计，形成一系列教育综合改革的"史家经验"。史家人深刻认识到，只有与家国命运紧密结合，集团建设才有无尽空间，教师发展才有无穷力量，孩子成长才有无限可能！在集团化办学中，史家人把家国放在正上方，把成长放在正前向，把孩子放在正中央。史家人希望，集团教育为孩子播下具有家国情怀的生命种子；史家孩子都是长链条发展、全要素成长的完整的人。这是史家人对新时代北京基础教育的坚守与展望，也是史家人肩负起的神圣而光荣的国家使命！

为了每一个孩子的健康快乐成长与全面和谐发展，学校积极构建无边界课程体系，致力于"给成长无限可能"。在史家无边界课程建设中，理论成体系，实践成规模，发展成自觉。学校课程把家国放在正上方，把成长放在正前向，把孩子放在正中央，在聚力每一个孩子成人成才的过程中厚植家国基因、筑梦种子生长。课程变革紧紧围绕三个"主动突破"。一是在方法上主动突破条线育人的边界，超越过细的学科划分、界限分明的学段设置，以及教育教学两条线的状况；二是在方式上主动突破符号学习的边界，跳出书本知识的局限，推动校内校外相融合，促进线上线下相结合；三是在方向上主动突破单向成长的边界，由课程立标向课堂立交转变，为孩子提供多元的发展机会和多样的选择权利。正是在一系列融合创新的课程实践中，集团化办学突破育人要素的固有边界，由教学而教育，由史家而国家，不断迸发"和谐共治"的巨大能量。汇聚集团课程改革成果的"以家国情怀为底蕴的育人体系实践研究"和"《中华优秀传统文化博悟课程》开发与实践"均获得 2017 年北京市基础教育教学成果奖一等奖。可以说，在史家无边界课程跑道上，不仅是教师在奔跑，孩子在奔跑，更是具有世界眼光、中国情怀、首都特质的基础教育在向着未来昂首奔跑！

## 二、史家实验学校概况

北京市东城区史家实验学校（原北京市东城区曙光小学）创建于 1963 年。学校具有 39 个教学班，1500 多名学生。学校师资力量雄厚，拥有区级学科带头人 4 人，区级骨干教师 6 人。2014 年 1 月 15 日，原曙光小学纳入到史家教育集团，更名为史家实验学校。

近年来，学校在"和谐＋生态"办学理念的引领下，明确提出了以"适合学生发展的课程文化"为核心的"和谐生态"课程理念，并在课程改革中进行了大胆的探索。努力建构以国家基础课程、周五自主课程、课外活动课程、周末研学课程为主体的全课程体系，力求让学生在国家基础课程中"准备自己"，准备适应今后发展的基础知识与基本技能；在自主课程中"发现自己"，通过尝试不同的课程发现自己的兴趣与爱好所在；在课外活动课程中"提升自己"，让发现的兴趣与爱好更加持久与浓厚；在周末研学课程中"开阔自己"，开阔自己的视野，走向更广阔的实践天地。

在此期间，粘土动画、园艺心理、阅读金字塔课程等一系列特色项目应运而生，为孩子们提供了更加丰富的课程资源。

目前，学校"全课程"体系逐步走向成熟，孩子们将会在绿色、智慧、幸福的校园中健康快乐成长，为学生终身发展奠基。

## 三、史家七条小学概况

史家七条小学（原名东四七条小学）始建于 1957 年 5 月 7 日，地处北京市老城区的中心位置，一直是一所百姓满意的学校。2008 年 4 月与史家胡同小学结为"深度联盟校"。2011 年进行"一长执两校"教育改革试验。2013 年 9 月正式更名为"史家七条小学"。2015 年成为史家教育集团成员。学校拥有近 4000 平方米的教学楼，2000 平方米左右的平房建筑和操场。目前有 14 个教学班，480 名在校生，50 余名教职工，其中区级骨干教师 7 人，校级骨干教师 11 人，名师工作坊成员 23 人，史家集团跨校交流的干部教师 14 人。"师资集成"的优化效应在七小教师文化建设中日益彰显、持续深化。

学校的优质项目，"红领巾"义务打气队坚持志愿活动二十五载，成为北京市十大公益社团之一。

学校以"和谐 + 七巧"为办学理念，优质的教育得到了社会各界的良好评价，被评为北京市素质教育均衡发展示范校、北京市健康促进校、2016 年京城最具幸福感领军学校、东城区艺术示范校、北京市"十二五"规划课题实验校，荣获北京市艺术节西洋乐一等奖等奖项。

学校正以新的姿态向着北京市最优质学校的方向迈进。学校的教育愿望是让百姓满意，让学生阳光，使每一名孩子的幸福人生从七彩校园起航，扬帆满志，抵达成功的彼岸。

### 四、史家小学分校概况

东城区史家小学分校建于 2003 年，现有 37 个教学班，1500 余名师生。其中市区级骨干教师 27 人，拥有中学高级职称教师 10 人。学校占地面积 5400 平方米，有计算机、科学、音乐、美术、烘焙、书法、形体、京剧等专业教室 13 个；开放式的图书馆，是学校师生最喜欢的地标性设计。2014 年 9 月，学校进入东城区集团化办学模式，成为"史家教育集团"的成员校。

学校秉承着"学习与生命同行"的建校精神"DNA"，将图书体验馆作为学校物质建设的载体，并由此辐射开来，构建一所"图书馆式的学校"，旨在培养孩子们的终身阅读好习惯，形成"在快乐中学习，在和谐中成长"的办学目标。"腹有诗书气自华，心存美善乾坤大"——在史分育人体系中，学校倡导的是要为学生营造一种氛围，让他们在这种养分中沐浴、熏陶、感染并自我成长。

2014 年秋，学校通过北京市"高参小"项目，逐渐形成以京剧为载体的多课程联动、开放性课堂的教学新格局，京剧作为学校传统文化类课程建设的特色之一，享誉京城。

此外，学校还积极拓展育人途径，成立"史分智库"平台。将拥有公益心、智慧脑、资源网的家长和热衷教育事业的社会力量凝结起来，运用他们的资源，为学校的发展提供人力、智力支持，为学生成长提供全力全方位的保障。

史家小学分校将努力凝结各方智慧，在传承中求发展，不断深化教育内涵，传播史分教育价值、创造史分思想产品——共建大美史分。

## 五、西总布小学概况

西总布小学始建于 1906 年，所在地域蕴藏着丰富的教育文化资源，是一所透着文化质感的学校。百年间，一代代西小人始终秉承着"踏踏实实做人、认认真真做事，全心全意为社会服务，尽心尽力培养优秀人才"的宗旨开展学校教育工作。历任校长治学严谨，勤恳敬业，为学校教育打下了良好基础。

学校以"融汇一切教育的力量、融通中西文化的精髓、融入未来教育发展的脉搏、融合生命共生的责任"为发展策略，以教育科研为先导、"适合教育"为理念、"融合教育"为特色，面向全体学生，尊重差异，努力建设全纳性学校，全面推进素质教育。

学校先后被评为市级首都文明单位、教育科研先进学校、基础教育学生综合素质评价工作先进单位、资源教室示范学校、健康促进金牌学校、区级教育系统创先争优先进基层党组织、学校卫生工作先进集体、学生科技节先进集体，荣获少先队"星星火炬奖""蓝天工程""社会大课堂"优秀集体等多项荣誉称号。

# 第2章

# "和谐共治"的
# 史家基因

当前，基于先进生产力发展的时代聚变，深刻地影响着人类社会生活的方方面面。我们的教育，正面临一场核聚变！如何拥抱变化、激活发展，成为当代教育工作者特别是管理者亟须思考的问题。直面"聚变"，我们要与时俱进地考察"聚"什么、"变"什么。在义务教育综合改革中，"聚"主要体现在一体化，区域教育一体化、教育治理一体化、课程设置一体化、教学实施一体化、师资建设一体化，教育一体化发展正在全方位、立体式、深层次地推进。与之相应，"变"主要着眼于均衡化，着重于教育机会、路径、资源、质量、结果对于适龄儿童成长的普适性促进。改革的"聚"与"变"，互为因果，互为推动，并最终明确指向教育的公平发展和质量提升。在史家教育集团，"聚"的是价值，"变"的是管理。价值之"聚"，带动办学要素的结构性融合；管理之"变"，增进发展内核的定向化熔炼。进而，集团在办学聚变中"以融增熔、由熔促荣"，促长教育质量的内生式荣点。

# 和谐史家

作为物理现象的"聚变"，其释放的巨大能量来自不同的原子核之间打破界限结合为新原子核的过程。作为教育现象的"聚变"，其释放的改革能量则源于各种教育要素之间突破边界，在解构与重构中推进一体化建设、均衡化发展的过程。在史家教育集团，"聚"的价值力量，依于集团龙头校和谐育人的办学文化，据于义务教育综合改革的现实要求。

## 一、史家教育的和谐因子

近 20 年来，集团龙头校史家小学以"和谐教育"为办学特色，在教育教学实践中形成了"人与自身、人与人、人与知识、人与社会、人与自然"

为框架的和谐育人体系。如何创造性地促进学生全面和谐发展，努力办好人民满意的教育，一直是学校建设的核心课题。1992 年，卓立校长提倡"和谐教育"，提倡人的全面和谐发展。2010 年，全体史家人在王欢校长的带领下开始了和谐教育新阶段的思考与实践。特别是 2015 年史家教育集团成立后，史家人继续致力于以真实校情为依托、以和谐发展为核心、以家国情怀为底蕴的史家教育变革。

史家和谐教育思想具有特定的历史渊源。"和谐教育""和谐发展"的思想是早就存在的。和谐教育在国外的发展，可以追溯到古希腊时期。"和谐发展"一词最早出现在希腊语中，指健美体格和高尚道德的结合。柏拉图主张通过音乐教育和体育促进人的心灵和身体的和谐发展，形成高尚完美的品格。亚里士多德认为，人有植物、动物、理性三种灵魂，相应的有体育、德育、智育三方面教育，其目的就是使体、德、智得到和谐发展。文艺复兴时期，人文主义者从人性论出发反对中世纪教会对儿童本性的压抑，认为应该通过教育使人的身心得到和谐的发展。17 世纪，夸美纽斯主张各学科教育以培养人的和谐为目的。18 ~ 19 世纪，法国启蒙思想家发展了人文主义教育思想，卢梭要求培养身心协调发展的自然人，裴斯泰洛齐要求按照自然的法则全面地和谐地发展人的一切天赋力量。此外，英国空想社会主义者欧文提出了全面发展教育的观点，德国教育家第斯多惠提出了在自然适应性原则和文化适应性原则支配下的全人教育的理想，英国教育家斯宾塞提出了智育、德育和体育并重及教育为完美生活做准备的主张，等等。马克思主义的和谐教育思想着眼于人的全面发展，强调体力与脑力的协调发展、才能与品质的多方面发展，以及个人发展与社会发展的统一。20 世纪，苏联著名教育家苏霍姆林斯基认为，学校教育过程包括德育、智育、体育、美育、劳动教育，旨在培养受教育者全面发展的和谐的个性。和谐教育思想在中国的发展，可以追溯到春秋时期。孔子强调把知、仁、勇三者统一起来，通过"六艺"教学使学习者成为"成人""君子"乃至"圣人"。西汉董仲舒继承孔子仁智统一的思想，对仁智协调发展作出了明确论述。明代王守仁在前人思想的基础上提出了教育就是要使受教育者的知、情、意、行得到协调统一发展的和谐教育思想。王国维以传统和谐教育思想为基础，吸收了近现代心理学知识，提出了把教育之事分为智育、德育、美育的观点。此外，蔡元培的"五育并举"和陶行知的"手脑双全"等主张，都含有和谐发展的教育思想。新中国成立以来，基于马克思主义关于人的全面发展学说，我国十分注重实施全面发展的教育，并十分注重教育事业本身的和谐发展。目前，包括史家小学在内，我国有不少学校在实践和发展着"和谐教育"的办学特色。史家教育集团成立后，和谐发展成为集团化办学的理念支柱。同时，史家人深化对和谐的理解，将之提升为以家国情怀为底蕴、以"种子计划"为坐标的育人体系。

史家和谐教育思想具有特定的政策依据。党的十九大报告把教育放在"提高保障和改善民生水平，加强和创新社会治理"的首要位置，讲到"建设教育强国是中华民族伟大复兴的基础工程"，并明确指出"要全面贯彻党的教育方针，落实立德树人根本任务，发展素质教育，推进教育公平，培养德智体美全面发展的社会主义建设者和接班人"。这就决定了我们的教育不仅要传授知识、培养能力，还必须切实地把社会主义核心价值观融入教育全过程，并转化为学生的自觉追求。在史家和谐教育中，史家人围绕社会主义核心价值观的培育和践行，通过立德来树人，努力把每个学生培养成为具有社会责任感、创新精神、实践能力的有用之才。在此过程中，如何使社会主义核心价值观落地，与集团和谐教育有机结合，特别是与集团教育价值里表生发，是史家人培育和践行社会主义核心价值观的首要关注。为此，集团对应社会主义核心价值观的三个层次，着力培养学生的"为民德""为人德"和"立身德"。"为民德"指向热爱祖国，建设"富强、民主、文明、和谐"的国家；"为人德"指向关心社会，发展"自由、平等、公正、法治"的社会；"立身德"指向完善个人，塑造"爱国、敬业、诚信、友善"的个人。在史家教育集团，"三德"解决了"立什么德，树什么人，怎样立德，怎样树人"的问题，从而确保了社会主义核心价值观教育真正落到实处。与此同时，"三德"贯通了人的类性、群体性和个体性发展，是马克思主义关于"人的全面发展"理论在史家教育中的和谐体现。而这种教育理念上的深层和谐，实质上把"修身、齐家、治国、平天下"内在贯通起来，从而把史家和谐发展理念导向更高层次的家国情怀。基于以上对社会主义核心价值观与史家和谐教育关系的总体建构，以及史家和谐教育因融入社会主义核心价值观而指向家国情怀教育的价值跃升，史家和谐教育实际上是推进素质教育并依托其辐射效应让每个孩子都能奉献祖国、成人成才的一种办学模式。教好一个孩子，幸福一个家庭；办好一所学校，惠泽一方人民。这就是史家小学和谐教育的家国情怀和民生意义所在。对史家人来说，最贴近、最直接、最重要的民生就是学生。关注学生，就是要重视其生存、生活，乃至生命状态。"我们给后代留下什么样的世界，取决于我们给世界留下什么样的后代。"今天我们给予孩子的，正是明天他们给予世界的……温暖现在，拥抱未来，史家教育集团始终致力于为国家培养人才，办好人民满意的教育。

## 二、史家教育的和谐体系

相对于单体校办学模式，史家教育集团成立后主要面临三方面挑战。一是组织一体化。集团的管理层级增加了，亟须机构的扁平化；部门叠合增多了，亟须职能的协同化；校址离散增大了，亟须沟通的即时化。二是课程一体化。集团的课程总量扩容了，亟须体系的清晰化；课程取向扩展了，亟须价值的自洽化；课程形态扩充了，亟须实施的定向化。三是师资一体化。集团的师资规模提升了，亟须理念的共通化；师资需求提高了，亟须研修的配套化；师资流动提速了，亟须梯队的立体化。一言以蔽之，在"聚"的问题上，史家人必须破解如何在秉持和谐教育的基础上高效地整合资源、协同机制、共识理念等一体化发展难题。为此，和谐史家观念体系得到不断生发。

### 1. 史家精神

"为了孩子、为了明天"是史家精神的表述语。其内涵是：史家教育以孩子为出发点，不仅关注孩子当下的成长，而且奠基孩子明天的发展。"为了孩子"，就是要平等对待每个孩子，关心每个孩子成长的全部内容，特别是要以"立德树人"为根本任务，全方位培育孩子成人成才。"为了明天"，就是为未来社会需要的人才打好基础，充分体现基础教育的基础性，为每个孩子注入成长的基因，让每个孩子健康快乐地成长。

### 2. 建设理念

"和谐+"是集团的建设理念。集团既注重学校发展的历史性，又强调区域发展的现实性，以"和而不同、共同发展"即"和谐+"为建设理念，推动集团战略、机制、资源的共建共享，实现"相同的舞台、共同的未来"的发展愿景。"和谐"是集团龙头校史家小学长期秉持的育人理念。在义务教育综合改革中，为充分发挥和谐教育的辐射带动作用，兼顾各集团校的既有文化，集团提出"和谐+"的建设理念，致力于在以和谐教育理念连接与融合各种教育关系的实践中持久推动史家教育的优质均衡发展。在集团理念的创新带动下，各集团校提出"和谐+生态""和谐+七巧""和谐+适合""和谐+同行"等校区理念，共同形成了一个价值融合、逻辑自洽的共享理念群，进而引领集团化办学在各校区的联动推进。

### 3. 发展战略

集团以"种子计划"为发展战略。"种子计划"以史家人的精神基因——"家国情怀"为起点，以"和谐"教育为指导，以培养"具有家国情怀的和谐发展的人"为目标，将一位位学生视为一颗颗具有家国情怀基因的种子，旨在为他们提供良好的成长要素和育人环境，使他们尽可能充满活力、千姿百态而又具有共同的家国信念。"种子计划"基于内部突破，致力于形成"五大基础意识"和"五大基础能力"，从而夯实基础教育的基础；基于外部打破，致力于形成包括优质的课程、优质的课堂、优质的教师、优质的机制、优质的资源在内的"五大优质"，为每一粒种子的生长内蕴优质的教育生态。史家和谐教育体系犹如一粒鲜活饱满的种子，深深植根于每一个孩子的幼小心灵中，伴其一生，惠其一生。

### 4. 办学路径

"以融增熔、由熔促荣"是集团的办学路径。集团孜孜探求如何突破各种教育要素的固有边界，使其按照一体化办学需求以更加灵活的方式融合聚变，进而在一个无边界的教育公平命运共同体中创造性地生发改革与发展的内动力，让更多的教师得到更为协同的专业成长，让更多的孩子享受更加优质的教育供给。"融"指集团办学要素的融合；"熔"指集团发展内核的熔炼；"荣"指集团教育质量的荣点。"以融增熔、由熔促荣"就是基于办学要素的结构性融合，增进发展内核的定向化熔炼，促长教育质量的内生式荣点，把集团化办学作为推动教育公平发展和质量提升的重要依托，让教育优质在均衡拓展中提升，让教育均衡在优质提升中拓展，使各种教育要素在和谐群动中持续促进集团建设、教师发展、学生成长。以融增熔，熔铸了每一个孩子畅达未来的同一个世界；由熔促荣，荣耀着每一粒种子拥抱蓝天的同一个梦想。

**5. 改革支点**

"构建'动力群'、激发'群动力'"是集团的改革支点。集团致力于在增进全体教师专业发展、职业幸福、事业成就的工作向度上让改革的活力全面迸发、教育的智慧充分涌流。在校区层面，各个教师专业共同体是"动力群"，骨干教师及其同研者是"群动力"；在集团层面，各校区是"动力群"，各校区干部教师是"群动力"；在区域层面，各集团是"动力群"，各集团干部教师是"群动力"。集团"群动"的拓张性与教育"辐射"的扩展性同构，是其不断积聚改革效应、凸显发展效益的机理所在。进一步讲，"群动"的实质是以理念创新带动、战略创新驱动、架构创新促动、机制创新联动、队伍创新推动等方式多向促进集团从管理走向治理，进而形成干部自觉引领、教师主动谋变、团队内在聚合的整体推进态势，让每一个史家人都积极地拥抱变化、激活发展。

**6. 育人架构**

"一个基础、两个向度、三个层次、四个立面、五个支柱"是集团的育人架构。"一个基础"指史家人始终强调基础教育的基础性，把"为了孩子健康快乐成长"确定为集团教育的价值基础。"两个向度"指史家教育中所涉及的一切都以孩子为出发点，不仅关注孩子当下的成长，而且奠基孩子明天的发展。"一切为了孩子，一切为了明天"已经成为史家精神的表述语。"三个层次"指史家人十分重视基础教育对于孩子的生存、生活和生命发展的奠基作用，史家教育"要让孩子掌握生存的能力，端正生活的态度，促使生命的完善"。"四个立面"指史家教育把"身心智趣"和谐发展作为孩子健康快乐成长的内在规定。"身"是身体条件，"心"是心理基础，"智"是理性支撑，"趣"是感性依托，共同生发出孩子生命成长中的健康快乐。"五个支柱"指史家人以"人与知识、人与自身、人与人、人与社会、人与自然"的和谐关系为理论支柱，在"和谐史家"的价值教育中全方位托举起"史家和谐"的教育价值。

### 7. 价值支柱

"人与自身的和谐、人与人的和谐、人与知识的和谐、人与社会的和谐、人与自然的和谐"是集团的价值支柱。"人与自身的和谐"的含义是：教育的世界是生命的世界，促进生命的成长和完善是教育的出发点和落脚点。史家教育怀抱生命的敬畏和尊崇，致力于培养学生知情意行统一的健全人格。"人与人的和谐"的含义是：人就其本质而言是一种关系性的存在。史家教育坚持在心灵与心灵的沟通、灵魂与灵魂的交融、人格与人格的对话中深层促进人与人之间的和谐发展。"人与知识的和谐"的含义是：学生在学习过程中具有客观存在的认知规律。史家教育不仅仅是知识的传授，还要让学生学会学习，学会动手，学会动脑，学会生存，学会和别人共同生活。"人与社会的和谐"的含义是：教育是面向未来的事业，肩负着培养合格公民和高素质人才的重任。史家教育既要使人的成长符合社会发展需求，又要使人的个体特质及其潜能得到充分发展。"人与自然的和谐"的含义是：自然是人类文明的根基。人对自然应存在道德的关怀与尊重。史家教育在关爱自然、关注生态的综合实践中注重培育学生的地球家园情怀。

### 8. 教育底蕴

"家国情怀"是集团的教育底蕴。集团龙头校史家小学老校址地处史家胡同 59 号，办学历史可以追溯至庚款留美事务的专设机构——游美学务处。中国现代一批杰出的学者、科学家、教育家和社会活动家，包括胡适、梅贻琦、竺可桢、赵元任、胡刚复等正是从这里走出国门走向世界，他们学成归来后肩负起振兴中华的重任。由此，学校一直坚守对学生进行爱国主义教育这一特色，家国情怀已经成为史家人共同的精神基因。与此同时，家国情怀是中华民族的文化精髓与价值逻辑。"为天地立心，为生民立命，为往圣继绝学，为万世开太平"，这是中国人如何看待这个世界的基本路径。家国情怀培育也是立德树人根本任务落地的重要方式。社会主义核心价值观将国家、社会、公民三个维度的价值要求融为一体,其价值内核实为中国人的家国情怀。核心素养从文化基础、自主发展和社会参与三个维度勾画出了适应个人终身发展和社会发展需要的人才必备品格和关键能力。这三个维度也深刻蕴含着家国情怀的意味。史家人着力打造的家国情怀底蕴,就是从情出发、以情致怀,既是爱家爱国的真情实感,又是不止于家不止于国的宽阔胸怀;既体现为对国家的高度认同感、责任感和使命感,又彰显为对世界的接纳与包容;既是一种对国家对人民的深情大爱,又是一种合作共赢的美好愿景。

## 共治史家

要深层次地发挥集团办学的聚变效应,就要无边界地把管理层的精神追求、思想引领、价值取向融贯在集团建设的方方面面,推动全体教师在快速变化中实现整体发展。这是"变"的力矩,均衡的根本。由此,在"变"的问题上,史家人的改革共识是:变管理为治理,在史家教育集团着力打造一个以理念共识、机制协同、资源整合为行动基点,使运行模式从外部推动型变为内在驱动型,让全体教师由被动应变者成为主动谋变者的教师领导型治理结构。

### 一、文化引领下的教师领导型组织

在史家教育集团内部创生一种平行式、分布式、参与式的学校治理结构,其实质是构建改革的"动力群"、激活发展的"群动力",在"聚"与"变"的密切交互中推动集团一体化建设、均衡化发展。当前,行进在"高速铁路"上的史家教育,正在成为一辆几乎每节车厢都有电动机组、每个车轮都是动力旋转的高速动车。而在集团教育这辆高速动车的入轨和启动工作中,史家人始终保持集团品牌的文化内涵不变,以文化引领集团各校区教师的融合发展及教师领导型治理结构的内在生发。

史家人十分强调以文化为中心全面凝聚集团师生的力量,以文化为纽带紧密连接各个校区的发展。集团围绕"和谐+"的建设理念，以"种子计划"为发展战略，统摄运行机制及工作任务，着力发掘每一粒种子的生长点，着力创拓一片无边界的史家教育。在此基础上，为不断深化史家教育改革，集团提出以"教师领导型组织"建设为核心推动集团内部治理体系现代化的发展方向，从而将文化建设再一次推向教育潮头。

"教师领导型组织"的核心驱动是教师专业共同体。教师领导的表征是专业领导，其实质却是文化领导。如何发挥集团文化在教师领导中的引领作用，是集团文化建设的重要课题。为此，史家人在集团化办学实践中形成了三个思考层面：一是集团文化与教师育人相结合；二是集团文化与教师发展相结合；三是集团文化与教师领导相结合。

（一）关于教师育人的文化引领

集团文化对教师育人过程的影响是发挥其引领作用的第一个层面。对于教师育人专业特征的不同把握，会形成不同类型的集团文化引领。

**1. 教师育人：生产性→生长性**

教师育人过程离工业化生产远，离农业性生长近。教师育人是教育事件涌流、教育形象塑造、教育智慧彰显的过程。教师育人实践往往是情境性、特殊性、具体性的，具有技术性、专业性、个别性、难以还原性、不可重复性的特点。史家教育集团的教师育人，不是机械地进行教育生产，而是鲜活地促进孩子生长。

**2. 文化引领：要素型→关系型**

基于对教师育人特征的基本判断，集团文化引领就从关注孤立的育人要素转向重视整体的教育关系。生产是要素的组合，生长是关系的变迁。育人过程就是教师与学生、世界与课堂、社会与学校等各种教育关系持续变迁的过程。因此，史家教师的文化引领，不是旨在完善育人要素，而是重在建构教育关系。

在集团化办学中，如何确定各校区的育人定位，形成既各具特色又整体和谐的教育关系及其背后的文化传统，成为史家人需要着重思考的问题。对此，史家人认识到，文化引领要逐步从要素型过渡到关系型，真正形成时间上可传、空间上可统的史家育人文化传统。

## （二）关于教师发展的文化引领

集团文化对教师发展过程的影响是发挥其引领作用的第二个层面。对于教师发展专业性质的不同理解，会形成不同类型的集团文化引领。

### 1. 教师发展：实体性→实践性

在关系型的育人文化中，教师发展特别是专业发展，不再只是教师能力本位的发展，而是各种教育关系中实践智慧的发展。教师发展不是依托脱离情境、无关价值的实体知识，而是建基于一种与实践智慧相融互生的文化关系。因此，集团教师发展应逐渐摆脱独重知识、技能和理论的实体性思维，而整体转向与生成性逻辑相适应的实践性思维。

### 2. 文化引领：浇注型→弥漫型

基于对教师发展性质的基本判断，集团文化引领就要更加重视各种事物与情境的特殊性，以及教师的教育实践状态。教师发展时刻处于教育现场之中，处于无数关系和场景的实践活动之中。因此，集团文化引领不是要浇注一个个模范的教师发展实体，而是弥漫在各种各样的教育现场之中，并随着教师整体专业能力的提升而不断发展。

在集团化办学中，如何基于"人与自身、人与人、人与知识、人与社会、人与自然"五大和谐关系的实践性思考，让和谐育人价值成为滋养每一位教师专业发展的文化空气，成为史家人亟待推进的课题。对此，史家人认识到，集团文化引领要逐步从浇注型转向弥漫型，在每一个教育现场的每一个教育细节中促使教师们创造性地做出价值判断和实践选择，同时深入省思自己参与教育生活、实现专业发展的真实样式。

## （三）关于教师领导的文化引领

集团文化对教师领导过程的影响是发挥其引领作用的第三个层面。对于教师领导专业诉求的不同认知，会形成不同类型的集团文化引领。

### 1. 教师领导：群体性→群众性

在关系型的育人文化和实践型的发展文化中，教师领导的功能单元就不再局限于特定群体，而是在丰富教育实践中广泛涌现的群众性的领袖教师，即领袖教师群。领袖教师群是一个基于却超于专业自我的优秀教师群体，具备依次递进的技术胜任力、专业胜任力和文化胜任力。领袖教师群来自群众的身份属性，确保其自愿追随者的专业化不再由从上到下的行政化来驱动，而是由令人敬慕的学术力来领导。

**2. 文化引领：管理型→治理型**

基于对教师领导诉求的基本判断，集团文化引领就要更加体现"权力与权力平衡"的现代教育的治理要求。管理重心下沉的过程，就是治理结构浮现的阶段。文化引领从管理型转向治理型，其实质就是从指令转向服务——服务于教师育人，服务于教师发展，服务于教师领导。这种文化引领的现实载体是由领袖教师担纲的各种专业共同体。它是由教师自主形成的群众性组织，是构成并驱动"教师领导型组织"的核心力量。而从教师专业发展的整体指向上看，每一个专业共同体都是"领袖教师群"。集团需要为每一个领袖教师群的生存和发展创造适合的文化生态。

在集团化办学中，史家人认识到，要实现从管理型向治理型文化的转变，就要激活现有特级教师工作室、骨干教师工作坊等专业共同体的文化引领功能。工作室、工作坊的主持人要不断强化教师领袖的角色定位，以高度的文化自觉表率好"品行端庄的文化人"。同时，集团教师的群众性参与也必不可少。每一位教师应该持续性地获得集团提供的专业化服务，以切实提升教师治理所需的文化选择能力、文化建构能力和文化发展能力。

构建"动力群"，激发"群动力"。以文化引领带动"教师领导型组织"建设，成为史家教育集团推进深层变革的必由之路。史家文化引领，既是一种现实形态，又是一个发展过程，两者统一于教师育人、教师发展和教师领导的多层面教育实践中。这种拥有无限可能的治理结构变革，让史家教育脚踏实地，让集团办学迈向高远。

## 二、教师领导下的教育融合化发展

自集团成立后，一种"动力群"多样、"群动力"丰富的教师领导型融合文化及与之相应的教师领导型治理结构，在史家教育中不断生发。这种治理结构，在集团建设层面激活了每一个校区、每一个部门、每一个学科的内在动力；在教师发展层面开辟了职务擢升、职称晋级之外的第三条道路，即依托学术启导、专业话语、文化引领的自我实现之路；在学生成长层面确立了由更为贴近学生的一线教师而不是行政领导来决定和提供更加适合的教育的理想模式。

在集团化育人中，一种基于家国情怀引领、办学要素共融、学科场域互通的创新驱动形式正在彰显其无边界的育人力量。而这种基于教师领导的教育供给侧结构性改革，也正在推动史家集团化改革不断走向深入。史家"服务学习""博悟学习""创·智汇学习"等一系列综合育人项目，都是集团化育人与集团化办学的相融互促、同频共振的教育荣点。

以史家科学教育为例，集团以"大科学"为主轴，以"全学科"为场域，贯通无边界课程建构，开拓一体化管理空间，教师领导力因素内蕴其中——

史家科学教育植根于集团化办学实际。从管理角度讲，集团从理念融合、战略融合、运行融合、机制融合与师资融合五个层面推动集团一体化发展。从育人角度讲，集团以学生发展核心素养培育为重要任务，让教育优质在均衡拓展中提升，让教育均衡在优质提升中拓展。两者的结合点是史家无边界课程体系建设。管理要素的融合推动育人价值的熔炼，无边界课程体系建设是一个以融促熔的价值建构过程。在此过程中，集团教师基于"给成长无限可能"的课程理念，明晰了"具有家国情怀的和谐发展的人"的育人指向。

基于集团发展总体框架及课程建设整体指向，史家人深刻认识到，学校科学教育要聚力提升学生科学素养，不仅要注重科学精神的塑造，也要注重人文精神的培育。因此，史家科学教育的内核是集团化办学背景下的"大科学同建、全学科共育"。"大科学"是国际科技界近年来提出的新概念，主要指需要跨学科合作的大规模、大尺度的"分布式"的大科学研究。在史家教育集团，"大科学"特指在集团化育人中逐步形成的大规模、大尺度的跨学科合作的科学教育理念及其实践。史家人认为，"大科学"与"全学科"具有内在同构性。一方面，各个学科的课程构建与教学实施都基于教育科学、涉及科学教育，具备科学精神的基本因子。另一方面，科学教育只有打开学科边界，才能在广阔的办学场域中获得无限生机。可以说，"大科学"与"全学科"深层互联，既是人文与科学的携手，也是育人与管理的共振。正是在此意义上，史家科学教育贯通了集团无边界课程建构，开拓了集团一体化管理空间。与此同时，集团管理及育人要素的多向融合，又为学生科学素养提升开辟了更为开阔的场域，并由此产生了更为深远的影响。在科学教育中，孩子们或与具有不同校区背景的伙伴共同体验，或与具有不同学科优势的伙伴一起探究，一种充满发散性思维的课堂学习样态为科学精神、人文精神乃至创新精神的培育提供了无限可能。由此，史家科学教育的实质定义是：以大科学为主轴带动全学科共育，以全学科为场域支撑大科学同建，在集团管理与育人要素深度融合中为学生发展核心素养提升创造无限可能的创新教育。"大科学同建、全学科共育"，这已经成为史家科学教育促进集团建设和学生成长的价值逻辑和实践方向。

在集团育人过程中，史家教师围绕"大科学同建、全学科共育"的科学教育内核，以天文教育为圆心、以博悟教育为半径，不断扩大科学教育的增能效应。

第一，聚焦天文教育，"大科学"拓展学生学科体验。

史家教师致力于学生发展核心素养的整体培育，强调核心素养培育需要全学科渗透、校内外结合，特别是让集团大科学教育拓展学生学科体验，实现全方位育人。对此，集团聚焦天文教育，突破学科边界，致力于学生科学素养的提升，更致力于让学生科学素养在整体素养提升的基础上水涨船高。这是一个基于天文教育、突破学科育人、贯通课程建设、融合集团发展的史家科学教育实施效应的扩容格局。

一是在天文教育中强调"文化基础"。首先，凸显"人文底蕴"。史家教师秉持"赞天地之化育、与天地参""天人合一"的和谐思想，专注于学生成长价值的实现，专门开展了"在天文课程中渗透正确价值观教育的行动研究"，从课程建设到社团管理，都渗透了社会主义核心价值观的教育。在学校建设中，史家教师设计建造了具有中国特色的天文馆、体现中国航天精神的航天教育展厅，让学生感受到祖国在不断走向富强，激发学生的爱国之情；在社团发展中，史家教师教育学生学会做人、学会做事，形成了和谐、民主、自由、平等的社团文化；在校外活动中，史家教师开创了天文公益项目，孩子们在帮助别人的同时，也提高了自己，动手动脑，用自己的劳动换取价值，从小树立社会责任感，获得成功的体验，实现更高层次的个人价值。其次，凸显"科学精神"。史家教师在天文教育中重点培养学生的质疑精神。在所有的学科中，天文学是最能够打破学生唯书唯上习惯的。因为，天文学的发展是日新月异的，无论是教科书还是科学家的言论，都是在不断修正中前进。由此，在课堂教学中，史家教师力求培养学生的理性思维能力，无论是知识的学习还是能力的训练，都改变了以传授知识为主的传统模式；在实践活动中，史家教师更加注重学生的思维活动，通过合理的设计和组织安排，提升学生的分析、综合、归纳、概括、判断、推理等能力，最终形成尊重事实、勇于探究、大胆创新、耐心求证的理性思维习惯。

二是在天文教育中强调"自主发展"。首先，凸显"学会学习"。每个孩子天生都是爱科学的。特别是天文科学，以其独有的神秘色彩吸引着孩子们。通过调查可以发现，几乎所有的低年级小学生都对天文有浓厚的兴趣，随着年龄的增加，感兴趣的比例稍有下降，但是也明显高于其他学科。而且通过访谈可以知道，兴趣度的降低在于缺乏相应的引导，学生有求知的欲望却缺乏专业辅导。因此，史家教师努力的重点就是从学习活动的组织管理角度多动脑筋。在课程教学中，史家教师全面分析、整体把握，删减边缘、末梢知识概念，保留对学生发展有益的核心内容，节省出大量时间用于组织学生开展创新实践活动，改变了学生的学习方式。为了更好地激发学生自主学习，史家教师建立了学生自主科技社团，学生在社团中不仅能够更加充分地创新时间，更发挥了自主性。一方面，他们自主管理，社团干部能够完成策划、组织和管理活动的作用。另一方面，他们自主开发课程，从史家天文馆课程到天象制作课程，再到天文摄影、天文制作课程等，录制微课、制作课件、编写教程、开发资源，充分体现了学生的自主性。其次，凸显"健康生活"。宇宙的博大，让人们能够更好地认识自我、发展身心，不再用狭隘的眼光看待事物。史家教师并没有把时间精力用在知识的学习和传授上，而是更多地让学生学会做事、学会做人。特别是在天文实践活动中，学生们走遍了全国各地，他们在实践中学会了尊重、关爱，学会了团结协作。学生之间、家长之间亲如一家。天文观测让他们学会了坚持，变得更加坚韧；让他们学会了精益求精，变得更加细心；学会了直面困难，变得更加勇敢；学会了仰望星空、脚踏实地，既有远大的理想，也能扎扎实实地做好眼前小事……

三是在天文教育中强调"社会参与"。首先，凸显"责任担当"。致力于培养新时代有国际视野、家国情怀的社会主义建设者和接班人，史家教师通过天文主题的校园文化建设、课程内容选择、传统文化挖掘，激发学生的爱国热情。学生们在学习中知道，中国是世界上拥有最完备天象记录的国家，很多古代观测资料至今仍然被科学界使用；中国古代的星座划分与西方相比更加科学规范，是以天赤道为基准的，更接近现代天球坐标的划分方法；中国近年来天文、航天事业飞速发展，创造了很多个世界第一。特别是通过丰富多彩的天文活动，孩子们领略了祖国大好河山、风土人情，很多孩子自发得出"外国没有中国好"的结论。当然，孩子们也发现了中国依然存在贫困落后地区，深感自己有责任帮助他们共同走向富强。于是，史家教师带领孩子们发起了天文公益活动，希望在偏远地区普及科技教育，通过科学技术的发展引领当地的发展。活动中，孩子们捐赠科普物资、开展义卖活动，用实际行动帮助偏远地区的学校。其次，凸显"实践创新"。创新精神的塑造是科学教育的重点所在，也是科学教育的难点所在。在天文课堂上，史家教师牢牢抓住每一个创新教育的契机，大胆放手，让学生进行创新设计和实践。当教师真正放手的时候，令人惊讶的是学生的创新能力超乎预期，当教师还在质疑"学生能想出来吗""学生能设计出来吗"的时候，学生均交上了满意的答卷。实践无数次证明，学生本不缺乏创新精神，只是以往学校没有提供机会罢了。学生特别喜欢创新，教师在活动中看到了学生专注的神情、热烈的讨论、精彩的展示，学生真正成为创造的主体、创新的主人。

第二，拓展博悟教育，"全科"聚焦学生科学探究。

史家教育致力于"具有家国情怀的和谐发展的人"的培养，强调学生和谐发展需要基于大科学的全面学习，特别是要融合全学科教育要素，聚焦学生科学探究，实现立体化育人。对此，史家教师在方法上突破条线育人的边界，在方式上突破符号学习的边界，在方向上突破单向成长的边界，拓展博悟教育，挖潜学科资源，致力于让学生科学素养提升在每个学科中都有明确的着力点，为生命成长创造无限可能。这是一个基于博悟教育、挖潜集团资源、落实课程变革、激活学科力量的史家科学教育实施效应的递增体系。

史家博悟课程包括"漫步国博"和"博悟之旅"两部分。集团各校区、各学科 200 多位教师深度参与了史家博悟课程研发实施及教材编写，极大地推动了集团管理和育人的一体化进程。同时，博悟教育既融入各学科教学，也单独成课讲授，均体现了全学科育人的集团特色。史家教师在每学期开学初组织开展"年级选课、课表套排"工作，在此基础上结合两个系列课程的不同特点分别组织课程实施。具体讲，"漫步国博"系列课程以"小班教学、双师授课"的形式展开学习；"博悟之旅"则是以"多学科联动、校内外融合、全资源共享"的方式推进实施。当前，集团与中国国家博物馆、北京市古代建筑馆、北京古钱币博物馆等多家博物馆建立了长期深入的合作关系。越来越多的无边界学习时空，正在成为史家学生的成长场域。

"博悟之旅"系列课程中的《铸剑为犁》一课，清晰地呈现了学生科学素养培育是如何在课堂上落地的。

**教学案例：**"博悟之旅"系列课程之《铸剑为犁》。

**案例背景：**本课旨在引导学生欣赏湖北博物馆收藏的越王勾践剑，让学生初步了解相关知识，在自主探究中感受我国古代劳动人民的创造力和聪明才智，进而增强民族自尊心和荣誉感，激发爱国热忱。主要涉及的学科是品社学科和科学学科。学生了解历史故事，并涉猎科学知识。本课授课对象是五年级学生，共 2 课时，教学地点是国家博物馆。

**案例描述：**在教学过程中，学生首先围绕"为什么越王勾践剑历经 2000 多年还能光彩依旧"等问题进行了大胆猜想、自由回答、交流汇报，并写出了相关的成语故事，继而深入了解了春秋时期我国兵器发展变化的过程及原因。学生还仔细观察了戟、铍、剑的不同之处，并围绕"古人的创造力体现在哪儿"的问题进行了小组讨论和汇报交流。之后，教师提问：

"现实中你在哪里见到过'剑'呢?"学生广开思路、踊跃回答。与此同时，围绕"在纪念中国人民抗日战争暨反法西斯战争胜利70周年阅兵式上印象特别深的先进军事武器"这个话题，学生进行了自由交流。最后，教师总结："战争是一面镜子，可以让人认识和平的珍贵。同学们，国家的独立自主和民族的兴旺发达，离不开科技发展与文化繁荣! 让我们从小立下远大志向，为了祖国的繁荣昌盛而发奋图强吧!"

案例分析：本课通过越王勾践剑的千年不锈之谜，激发学生的学习兴趣。在启发式教学中，学生发现剑身的菱形花纹是一种硫化物，能够有效地防止青铜表面生锈。以此为起点，学生课堂思维全程双线并进，科技与人文交互，历史与现实交汇，科学精神培养与人文精神培育相得益彰。本课体现了跨学科推动科学教育的教学魅力。

综上，《铸剑为犁》一课将学生科学素养提升有机融入了博悟教育的过程。而正是依托博悟教育的全学科推进实施，学生科学素养提升的场域也拓展到集团各校区的各学科。

以大科学为主轴带动全学科共育，以全学科为场域支撑大科学同建，史家科学教育在着力推动集团化办学的同时，有力托举了学生科学素养的提升。而在此过程中，正是教师领导型治理结构内在支撑着史家教育的融合化发展。史家教师特别是领袖教师则在教育事件的涌流、教育形象的塑造、教育智慧的彰显中把这种结构性支撑切实转化为每一个教育现场中的学生成长力。

# 第**3**章

## "和谐共治"的
## 史家进路

自成立以来，史家教育集团从建体系、立标准到提质量、铸品牌，实现了一体化发展和现代化发展，正在品质化发展之路上大步迈进，为发展公平而有质量的教育打造了一个共建共治共享的高位平台。特别是集团深化改革建框架、优化品质立标准、强化发展出成果，全面生发史家经验、史家标准、史家模式，整体固化集团建设的价值逻辑与实践进路——和谐共治，为集团化办学背景下学校建设、教师发展、学生成长探索出一条具有史家特色的优质均衡发展之路。

# 深化改革建框架

面对集团建设中管理运行、育人实践、师资提升等一体化发展挑战，史家人着力深化改革，以组织管理创新为先导，以课程融合创新为根本，以教师发展创新为关键，全面夯实集团化办学基础。

## 一、改革创新管理运行体系

为打破各种教育要素之间的固有边界，并使其按集团化办学需求进行功能重构，史家人形成的改革思路是：构建改革的"动力群"，激活发展的"群动力"，使各种教育要素在和谐群动中持续促进集团的一体化建设与均衡化发展。"群动"的实质是以理念创新带动、战略创新驱动、架构创新促动、机制创新联动、队伍创新推动等方式多向促进集团从管理走向治理，进而形成干部自觉引领、教师主动谋变、团队内在聚合的整体推进态势，让每一个史家人都积极地拥抱变化、激活发展。

### 1. 理念创新带动

史家人以"和而不同、共同发展"即"和谐＋"为集团理念，推动集团一体化建设与均衡化发展，实现"相同的舞台、共同的未来"的发展愿景。和谐，既是人类社会的共同理想，也是教育事业的永恒追求。和谐是集团龙头校史家小学长期秉持的育人理念。史家和谐，着眼全体学生的成长，关注基础教育的基础，优化并协调各种教育因素，使之在辩证统一中不断创造教育的整体效应，持续推动学生全面和谐发展。在集团化建设中，和谐被赋予新的含义。史家"和谐＋"，旨在突破各种教育要素的固有边界，使其按照集团化办学的现实需求以更加灵活的方式融合聚变，进而在一个无边界的教育公平命运共同体中创造性地生发改革与发展的内动力，让更多的教师得到更为协同的专业成长，让更多的孩子享受更加优质的教育供给。在更深层次上，"和谐＋"把"修身、齐家、治国、平天下"内在贯通起来，实现人的类性发展、群体性发展和个体性发展的和谐，从而在"人的全面发展"上把史家和谐导向更高层次的家国情怀。在集团理念的创新带动下，各集团校提出"和谐＋生态""和谐＋七巧""和谐＋适合""和谐＋同行"等校区理念，共同形成了一个价值融合、逻辑自洽的共享理念群，进而引领集团化办学在各校区的联动推进。在此基础上，集团进一步生发出史家教育和谐发展的育人架构——"一个基础、两个向度、三个层次、四个立面、五个支柱"，即："为了孩子健康快乐成长"夯实"一个基础"；"一切为了孩子，一切为了明天"标明"两个向度"；"生存、生活、生命"递升"三个层次"；"身心智趣"创生"四个立面"；"人与知识、与自身、与人、与社会、与自然的和谐关系"构成"五个支柱"。集团育人架构托举和谐教育的无边界价值空间，并由此创生学生成长的无限可能、教师发展的无限动能、学校建设的无限效能。

## 2. 战略创新驱动

集团扎根"和谐"文化，以"为了孩子、为了明天"的史家精神为凝聚点与生发点，发展丰富了史家小学"种子计划"的核心内容，使之成为集团办学的发展战略。集团"种子计划"在原有基础上更加明晰地界定了课程、课堂、教师、机制、资源的内在关系，并在此基础上形成"目标体系""课程体系""保障体系"和"文化体系"，特别是以史家DNA"家国情怀"为生发点，秉持"爱家家国的情感"和"不止于家不止于国的胸怀"，价值鲜明地确立了"具有家国情怀的和谐发展的人"的育人目标，为孩子成长打造深厚的家国情怀底蕴。在此过程中，史家人既把一位位学生视为一颗颗种子，为他们注入良好的成长基因，使其尽可能丰满，尽可能充满活力，尽可能持续发展，也把优质教育看作一粒鲜活饱满的种子，深深植根于每一个集团人心中，在有质量的均衡发展中促公平、增活力。"种子计划"将家国情怀作为史家教育的核心提领，通过家国情怀教育推进教育改革、推动集团建设。

**3. 架构创新促动**

集团确立了"条块并举、纵横贯通、统分结合"的运行体系。"条块并举"指各集团校长不仅需对分管条脉负第一责任，而且需在服务中引领各自校区管理板块的发展，内化集团标准，外化集团品质；"纵横贯通"指各集团校长牵头的纵向管理层级在年级层面打破条块分割，实现横向协同，即各集团校长分别下沉到一个集团年级组，深入服务一线工作；"统分结合"指集团在全局布划方面有"统"率力，各校区"分"别保留教育特色及其执行的灵活性，合力创生集团主题鲜明、校区特色显著的权力生态，为各项工作的共治、久治和善治提供保障。在此基础上，集团构建了六大发展中心，即战略发展中心、学生发展中心、教师发展中心、品牌发展中心、行政服务中心、督导评价中心，特别是学生发展中心下设德育、语文、数学、英语、体育、人文与科技、艺术与生活、课程资源等八部门，贯通教育教学，穿越学科边界，汇聚管理要脉，融合集团育人。在办学过程中，集团还成立了理事会，致力于学校内部治理体系和治理能力现代化，并正在探索从组织层次、共同体层次、个体层次构建"教师领导型治理结构"，着力发挥教师在学校中的主体与领导作用，通过治理结构的调整实现权力关系的重构，进一步提升集团运行的融合度。

**4. 机制创新联动**

集团以"协同机制"协调校区工作，以"互通机制"统筹内部资源，以"荣点机制"激励教师发展，以"复盘机制"强化效果分析，以"督导机制"促进规范办学。协同机制主要包括集团制定计划、集团下发校区、校区配合执行、校区反馈上报等四个首尾相接的环节；互通机制主要推动基于干部、教师、学生的基础流动和基于思想、资源、项目的深度流动；

荣点机制主要通过授予荣誉奖项、奖励学习机制、建立发表体系等方式，使全体教师体会到作为史家教师的荣耀感；复盘机制主要包括计划安排、信息收集、评估反馈、调整或发表等四个首尾相接的环节；督导机制主要在管理创新、项目推动、标准完善、课程整合、教师发展、绩效评估等方面以督促学、以导促进。以此为联动的基本程式，五大机制共同推进集团发展中的"理念互联、运行互动；课程互联、课堂互动；活动互联、师生互动；科研互联、管理互动；校区互联、品牌互动"。以协同机制为例，该机制旨在促进全体教师形成集团整体归属感，保证工作有序、沟通有效、合作主动。基于集团协调、校区执行，管理机制和沟通机制两个子机制共同支撑起集团内的组织、制度、教育特色、管理队伍、重大活动等五大协同，确保集团化办学理念统一、战略统一、运行统一、标准统一和质量统一。

**5. 队伍创新推动**

集团强化了领袖教师的专业影响力与学术领导力，依托其带动遍及各个领域的专业共同体在科研融合中定方向、定标准、定重点，深层促进思想、资源、项目的持续流动，内在推动集团、教师、学生的同频发展。集团将具备科研能力、拥有学术影响、形成专业成果的教师视为领袖教师。领袖教师更多的是一种专业身份，打破了过去教师各自隔离的个体化工作局面，营造出一种合作的学校文化，并生成专业学习共同体，实现基于专业社群的共同成长。在给领袖教师赋权的同时，集团为全体教师增能，从专业路径唤醒每一个"沉睡的巨人"，不仅成立了干部教师的专业精修学堂和职业成长基地——史家学院，还通过"史家讲坛"、国博人文培训、家庭教育指导师培训、北师大脱产培训、ASK 培训、卡耐基培训等深度引导教师专业发展。特别是针对规模提升、流动提速、需求提高的师资发展要求，集团在教师领导型治理结构中培育领袖教师群，赋予教师专业自主，重构教师权力关系，使全体教师在互相追随、互为领袖的学术生态中得到融合发展。

**二、改革创新课程建设体系**

在集团发展中，教育教学变革与组织管理创新同步。集团把为国家培养具有社会责任感、创新精神和实践能力的社会主义建设者和接班人作为史家教育的一贯追求，以社会主义核心价值观培育为主轴，以中国学生发展核心素养培育为基点，全面融贯家国情怀教育，多向突破育人要素及其关系的固有边界，创新课程形态，深化教学改革。

**1. 提出无边界课程理念**

基于办学价值的内在生发，集团以"种子计划"为课程的价值基点，以培育"具有家国情怀的和谐发展的人"为课程指向，构建了无边界课程体系。无边界课程旨在突破传统教育的方法、方式、方向，突破条线育人、符号学习、单向成长的边界，给成长无限可能。无边界课程源自于史家和谐教育文化，五大和谐支柱是其理论支撑。无边界课程关注人的和谐成长，不让课程的局限，禁锢成长的无限，而要让课程的无限，拓展生命的可能，还原孩子成长的空间，让教育回归孩子的现实生活，使孩子在"长"的过程中达到"成"的目标，体验生命成长中的健康快乐，从而真正实现"给成长无限可能"的课程理念。

**2. 明确无边界课程目标**

基于"立德树人"的教育根本任务、"社会责任感、创新精神、实践能力"的人才基本属性及"中国学生发展核心素养"体系，参考国际课程比较关注的"独立判断的思想者、终生不渝的学习者、世界事务的参与者"的培养方向，以及依托史家小学20多年的和谐教育特色和"史家学生发展核心素养"要求，史家无边界课程的目标是让每一名孩子成为持有完全人格和价值伦理的独立思想者、具有批判思维和创新精神的终身学习者、拥有社会责任和实践能力的世界参与者，这也是在全球视野中对具有家国情怀底蕴的"和谐的人"作出的更为具象和现实的表述。

**3. 建构无边界课程模型**

集团以蒲公英种子为原型，具象地呈现史家无边界课程模型。课程模型内视与蒲公英种子同构、外观与无限大符号同形，寓意着个个学生、颗颗种子在无边界的课程时空中飞扬无界、成长无限。整个课程模型又形同望远镜，两个镜头分别代表科学视角和人文视角，意为同时关注学生科学素养与人文涵养的和谐发展。集团还以学生从自然人向社会人的转变为成长向度，依次串联起五大和谐，最终指向"具有家国情怀的和谐发展的人"的培养。

### 4. 形成无边界课程框架

史家课程框架既是家国情怀培养的多层次设计，也是基于课程内容属性的无边界建构，是一个包括核心课程、综合课程、拓展课程的"两级三层"架构。史家人积极呼应北京市课改精神，将集团课程分为基础性课程和选择性课程两级，又在两级之下分为三层，即基础性课程对应核心课程和综合课程两层，选择性课程对应拓展课程一层。其中，集团旗帜鲜明地提出了核心课程的概念，将语文、数学、英语、体育这四门课程作为核心课程。小学教育作为基础教育的基础，其基础功能不容忽视，在当前教育过度强调个性改革的背景下，坚守核心课程是史家人对于小学教育本质的严肃思考。集团要求核心课程利用80%课时完成课程教学。被拿出来课时，第一个10%用于学科内实践课程的定向补充，要求各学科提出校本化的重点方向。方向的确定不仅充分考虑了史家多年课程建设的基础，也将家国情怀的底蕴积累作为内在暗线。四大核心课程分别形成了四个学科课程群：语文课程群定位于"表达无边界"，用传媒拓宽语文学科视野，引导学生对话经典名著，传播中华文化；数学课程群定位于"思维无边界"，用传统文化拓宽数学学科视野，引导学生学习传统中的数理智慧；外语课程群定位于"文化无边界"，用文化外交拓宽英语学科视野，引导学生传承非遗国粹，向世界讲好中国故事；体育课程群定位于"健康无边界"，用传统竞技项目拓宽体育学科视野，引导学生关注中华传统体育，传承民族传统运动文化。第二个10%用于综合课程建设。综合课程鼓励打破学科壁垒，穿越学科边界，开展跨学科教学。综合课程下设四大课程群：定位于"服务＋"的德育课程群、定位于"博物＋"的人文与科技课程群、定位于"艺术＋"的艺术与生活课程群、定位于"创意＋"的创智汇课程群。拓展课程为校本选修课程，旨在引导学生正确地认识兴趣，逐渐找到自己的兴趣特长，不仅仅学会选择，还要对自己的选择负责任，更要在选的基础上持续专注，培养真正的兴趣。拓展课程下设八个课程平台：史家书院、社会实践营、品源至慧、博物馆、海外游学营、金帆艺术团、青苹果俱乐部、创意生活社区。

**5. 跃升无边界课程形态**

无边界课程框架体现了史家课程体系的空间结构。同时，史家课程在时间顺序上呈现为依次叠加、层递跃升的四种课程形态。一是 1.0 形态的基础性课程，表现为传统式的班级学习，通过创设民主和谐的心理、物理环境，保护激发学生的好奇心、求知欲，不断突破课本和教室空间的局限；二是 2.0 形态的多样性课程，表现为菜单式的小组合作学习，依托课程资源中心搭建了 20 多个专业教室及特色活动场地，创设了基于"生存、生活、生命"教育的专题学习内容；三是 3.0 形态的自主性课程，表现为在综合空间的自主学习，设置了集自主学习、探究学习、集中学习、非正式学习等多种方式为一体的综合空间；四是 4.0 形态的开放性课程，表现为无边界空间的多样化学习，让学生视野超越学校的围墙，家庭、博物馆、图书馆、科技馆等生活世界都是课程的实施场所。

**6. 创新无边界课程评价**

在课程评价方面，我们本着基础性、全面性、发展性的原则，从注重显性知识考核转向关注学生综合素养和学科能力提升，从以单次书面考核为主转向贯穿于整个学习过程的综合评价，从以单向评价为主转向多元家校协同的全方位评价，创造性地形成了"学生学业成长树（24 点）标准"和"学生学习表现 AB 评价模式"。作为过程性评价的创新手段，前者旨在记录集团一至六年级每个学生各科学习与成长的足迹。横向涉及语文、数学、英语、音乐、体育、美术、科学、劳技等各年级各学科，纵向要求每个学科每学年选取 4 个成长点，6 年共 24 个点，全面地记录学生成长过程中重要而真实的学业情况，帮助学生把成长过程中有意义、有价值的学习资料保存下来。作为展示性评价的独特路径，后者基于"专注（Absorption）＋绽放（Blossom）"的成长维度实施课程评价。专注度在思维和兴趣两个维度上包括积极思考、精力集中、主动参与、持久发展等方面，构成课程评价的内在指标；绽放度在创意和表达两个维度上包括想象丰富、形式新颖、自然大方、表情达意等方面，构成课程评价的外在指标。同时，集团在实践中以评价为标尺、以成长为标度，让培育和谐的人的课程指向在史家教育中越来越明晰、越来越有力。

### 三、改革创新教师发展体系

为构建多元群动的教师队伍,特别是为每一位教师的专业发展提供可能,满足集团优质均衡发展的需要,最终促进学生全面和谐发展与健康快乐成长,集团创新教师专业发展体系,不断融合并提升全学科教师的教育增力,让各校区教师在事业推进中共同分享发展的幸福,特别是在提升专业品质、职业价值、事业成就的工作向度上持续激发全体教师的改革内动力,让无边界育人理念真正地走进班级、融入课堂,并外化为日常的教育教学行为。

#### 1. 明确教师发展价值

集团始终把师德建设作为教师专业发展的重中之重。作为教育工作者,首先要立师德、铸师魂。集团以坚持"四个相统一"、争做"四有好老师"、做好"四个引路人"为新时代教师队伍建设改革方向,确保党对教师队伍建设的领导权,把提高教师思想、政治素质和职业道德水平摆在首要位置,健全师德建设长效机制,引导教师以德立身、以德立学、以德施教、以德育德。全体史家人深知:教师爱一个孩子,就是成就一个孩子;教师促进一个孩子健康成长,就是为国家储备一股积极向上力量。教师有信仰,教育有力量;教师有担当,国家有希望。在此基础上,史家人从价值基础、价值核心与价值标准三个层面对教师专业发展的价值予以明确,努力构建"好教师就是好教育"的价值等式。

——明确教师专业发展的价值基础。史家教师的价值基础是"为了孩子健康快乐成长"。集团要求全体史家教师敬佩每一个孩子的生命力量,尊重每一个孩子的成长过程。在集团化办学中,史家人明确了"为了孩子健康快乐成长"的具体内涵。健康是人生的第一财富,是教育的基本标准,是教育的底线。快乐是孩子与生俱来、不可剥夺的权力。成长是教育的目的。"成长"和"长成"具有不同的含义。"长成"是自然的一种状态,而"成长",在很大程度上与教育的干预有着重要的联系,蕴含着无限的机遇和可能。

——明确教师专业发展的价值核心。集团积极推动全体教师把社会主义核心价值观熔铸到专业发展价值中，着力形塑史家教师的"为民德""为人德"和"立身德"。"为民德"指向热爱祖国，建设"富强、民主、文明、和谐"的国家；"为人德"指向关心社会，发展"自由、平等、公正、法治"的社会；"立身德"指向完善个人，塑造"爱国、敬业、诚信、友善"的个人。在史家教育集团，"三德"从教师专业发展的层面确保了社会主义核心价值观落到实处，并作为价值核心有力地带动了教师专业发展。

——明确教师专业发展的价值标准。全体教师坚持教书与育人相统一、言传与身教相统一、潜心问道与关注社会相统一、学术自由与学术规范相统一，争做有理想信念、道德情操、扎实学识、仁爱之心的好老师，全心全意做学生锤炼品格、学习知识、创新思维、奉献祖国的引路人。集团致力于丰厚教师专业发展内涵，以塑造"品行端庄的文化人"形象为价值标准，推动全体教师向典范致敬、向榜样学习。并且，在对于"品行端庄的文化人"内涵的广泛讨论中，集团以发展战略——"种子计划"为思维坐标，引领全体教师从专业精神、专业能力、专业态度和文化自觉等多个层面进一步具化了价值标准的内在构成。

### 2. 创设教师发展载体

集团强力打造了一批名师工作室和骨干教师工作坊。各个工作室和工作坊均由特级或市级骨干、学科专家、区教研员、青年教师四部分组成。相对于教研组，这种研修方式打破了传统的注重自上而下的教学规范传递的教研形式，而是促使教师在平等、开放、包容中进行理解、对话、碰撞、反思，在差异互动中实现共同成长。

针对具体的工作项目，集团还组建基于项目的"教师共同体"，例如在学校国博课程开发过程中，学校组建 15 个由文物专家、国博讲解部老师、各学科教师、行政干部组成的课程研发共同体。在倡导课程整合的今天，这种跨越学科边界、整合多方力量的专业共同体，为学生创设无边界的成长空间。

与此同时，集团强力推动"史家学院"建设，优化教师队伍建设的治理生态。主要是以史家学院 8 个分院及其下设的 68 个教师研究室的建设为契机，给领袖教师赋权，为全体教师增能，不断完善教师领导型治理结构，激励全体教师在专业发展中自觉融合教育要素，全面提升教师专业化水平。

学院目标：深入贯彻落实中共中央、国务院《关于全面深化新时代教师队伍建设改革的意见》精神，以"教师政治思想、师德建设、职业综合素养与创新能力"为主要抓手，以"伙伴研修"为关键通道，激励全体教师实现新发展。

学院宗旨：让教师在职业发展的过程中，自觉把日常教育教学内容视为研修的课题，指导教师在学校工作的每一天、每一个教育教学行为中实现专业发展，即实现真实育人场域中自觉的职业提升。研修全程源于实践、依于实践、用于实践，并在创新驱动中推进实践。

学院思路：秉持"任务驱动、项目推进、伙伴学习、平台集成"的发展思路，为每一位教师提供体验实践的综合研修情境，进而在职业价值的建构、专业方向的引领、成长条件的创设等多个层面持续推动师德发展、师能提升和师情畅达。

学院特色：推动形成教师日常工作专业化的职业自觉。重点强化基于领袖教师群成长的伙伴学习，进而促成全体教师"互为领袖、互相追随"的职业发展格局和专业成长态势。

学院任务：一是形成以领袖教师带领下的伙伴团队，形成以主持人、青年教师、专家、伙伴共同体组成的团队结构；二是基于领袖教师研究室的项目研究，形成史家学院教师系列培训教材。

学院要求：一是促进教师基于日常工作的经验梳理、提升、固化，形成教师个体层面的优势发展特色；二是促进教师经验互鉴、资源同享、伙伴共研，形成教师团队职业成长的文化；三是形成教师职业发展系列成果，并积极辐射，在更大的范围内共享好教育、托起中国梦。

学院成果：学院形成了教师职业发展的系列课程，确立了各级各类的科研专题，打造了一大批教育教学特色鲜明的领袖教师，营造了良好的教育资源发展环境。

### 3. 丰富教师发展路径

集团积极推动基于真实育人情境的教师专业发展，特别是通过内容丰富、形式多样的专业培训，不断推进教师的全面发展、个性发展、主动发展、持续发展和协同发展。

——以通识培训促教师全面发展。集团针对不同等级、水平的教师，从入职培训、教学方法、课堂设计、课堂控制、资源利用、教学反思等方面组织培训力量打造培训课程，并邀请骨干教师、外校名师和知名培训机构教师担任讲师，给集团教师提供全角度的培训，为集团教师打造全方位的发展。

——以特色培训促教师个性发展。集团通过举办"史家讲坛"，让全体教师聆听与感悟文化界、教育界、传媒界、企业界等各界精英对和谐的特色化诠释、教育的个性化理解。此外，集团与国家博物馆实施战略合作，全体教师参与国博人文素养培训，在专业发展中得到文博名家的高端引领和深度指导。同时，集团还引入了"家庭教育指导师"培训、ASK 培训、卡耐基培训等项目，为全体教师提供专业发展的特色化服务。

——以专题培训促教师主动发展。集团与北京师范大学签订合作协议，依托"史家教育集团骨干教师科学研究能力提升研修项目"对 180 名骨干教师分 18 期进行脱产培训。参培教师主动开展课程研学、课堂研讨、课题研究，研究问题来源于育人实践，研究方法是行动研究，研究结论让教师在真实育人情境中更好地提升专业素养、进行跨校流动。

——以导师培训促教师持续发展。集团在教师专业发展中突显名师的引领与带动效应，组织相关教师开展基于共同研究目标与研修方式的定期学术活动，持续提升教师专业发展水平。

——以伙伴培训促教师协同发展。集团积极开展面向东城、北京乃至全国的教师伙伴培训。在成长伙伴小组中，参培教师与史家导师"一对一"结伴，协同开展教育教学实践及相应的行动研究课题。在参培教师回到原来学校后，集团还助其打造工作室，并让导师以学员身份加入其中、推进协作，助力课题研究，添力专业发展。

**4. 搭建教师发展阶梯**

针对多层次的教师发展需求，集团对处于不同发展阶段和不同发展水平的教师出具既有共性、又有个性的发展规划，为教师专业发展搭建相应的阶梯。

针对新任型教师发展——

新任型教师主要是指青年教师，由于教学实践知识的缺乏造成所学理论知识无法顺利转化为合理的教学行为，因此该阶段教师的成长遵循如下策略。

角色转换：通过开展新教师培训、新教师座谈等活动，激发职业情感，传承史家和谐教育理念，完成教师角色转换。

榜样引领：为青年教师配备师傅，进行新老教师结对，充分发挥老教师引领、示范、带动作用，通过师徒"传帮带"不断提升新教师专业素养。

任务驱动：一方面，督促青年教师在日常的教学活动中完成每学期规定的教学案例、教学展示、教学反思、教育叙事等任务，形成良好的成长氛围。另一方面，以启航杯、东兴杯教学大赛、班主任基本功大赛以及各类教育教学展示活动为契机，检验青年教师基本功，促进专业成长。

同伴互助：以教研组、青年教师社团为载体，就日常教学中存在的共性问题和突出问题为切入点，展开同伴互动交流，相互学习、共同提高。

针对胜任型教师发展——

经过一定时间的磨炼，新任教师成长为胜任型教师，具有一定的教育教学经验，初步具备将理论知识与实践经验相融合的能力。胜任型教师往往具备了小学高级职称，但是此阶段的教师若不能很好地进行职业生涯规划，积极反思和总结已有教学成果，就容易造成停滞不前的状况。因此，该阶段教师的成长遵循如下策略。

科学规划：结合该阶段教师个人发展规划，集团干部及专家团队关注教师发展的需求，帮助他们解决职业发展中的各种问题，加深他们对教师职业的情感认同，激发他们进一步学习和发展的动力。

创设氛围：创设相互学习、共同分享的成长氛围，引导教师积极开展教育教学的自我反思，不断审视并修正自我的教育理念和教育行为，明晰专业成长的方向。

展示交流：为该阶段教师积极搭建参加集团接待课、校区展示课等教育教学展示的平台，在展示和交流过程中，促使教师形成职业的自尊和自信，促使他们在成功体验的基础上实现教师职业角色的自我完善。

针对骨干型教师发展——

骨干型教师即集团的各级骨干教师，是发展的中坚力量，具有较高的教育教学水平，形成了较为稳定的教学风格，但易进入职业发展的高原期，遭遇发展瓶颈。因此，该阶段教师的成长遵循如下策略。

科研导向：鼓励处于该发展阶段的教师积极承担或参与各级教育教学科研课题，使他们正确认识自己专业成长的现状，发现自己在专业成长中存在的问题，并采取行动研究的方式，科学探究解决问题的手段。

示范引领：作为集团优质教育资源代表，骨干教师应积极进行师徒"传帮带"，参与集团承担的区县乃至全国教师培训活动，在培训他人的过程中实现突破自我。此外，集团定期组织骨干教师交流研讨会和骨干教师资格认定，充分发挥骨干教师示范引领作用。

总结提升：以市级骨干教师为主，领衔组建骨干教师工作室，不断完善学习制度，构建互为资源的教师研修团队，促使教师在互动交流中，不断总结和提升已有教学成果，形成具有个人特点的教育模式。学校及时总结推广骨干教师优秀的教育思想、研究成果，提高骨干教师在全市乃至全国的知名度和影响力。

针对专家型教师发展——

专家型教师是指在某一专业领域具有丰富的理论知识和实践性知识，教学风格鲜明独特，取得了有较大影响的教育教学成果，具有一定的教育知名度的教师。集团的市级学科带头人、特级教师、市区级金牌项目第一负责人符合这一发展阶段教师的特点，他们是学校重要的师资培训资源。

集团为专家型教师搭建优质的发展平台，通过举办名师教学思想与实践研讨会，进一步扩大教育影响力；组建名师工作室，充分发挥特级教师和学科带头人在教书育人、教育科研、指导培养骨干和青年教师方面的辐射示范作用，带动集团优秀教师群体共同提升。

集团还协助处于这一发展阶段的教师进行教育教学成果的整理、分析、提炼，汇成教育教学专著，积累宝贵的教育资源，为东城区教育家名师工程输送人才，努力打造在北京市乃至全国有较大影响的专家型教育名家。

**5. 积聚教师发展资源**

集团给全体教师创设在工作中学习、在学习中工作的条件。针对教师发展的共性，提供多元的教育资源；关注教师发展的个性，提供针对性的专业协助。以教师发展带动学生、学校发展，让教师在实现教育理想的付出中，实现自身人生价值。

建设教育资源库——

集团珍视一线教师的优秀教育教学实践经验，指导他们将实践与理论进行对接、整理、提升，搭建著书立说的平台。打造一批集团领袖教师、集团名师，成立以教师名字命名的工作坊，在教师群体的互动研修中，形成教师的教育经典和教学思想。

构建教师培训课程体系——

集团以多维立体的校本教研模式为依托，结合立项课题，积极搭建包括史家和谐教育理念、教育教学基本理论、各学科专业研修课程等在内的教师培训课程体系，以行动研究的方式开展自主研修和同伴互助学习活动，推动教师在史家学院从被培训者成为培训者，由资源享用者成为资源提供者。

组建"导师团"和社会资源团队——

集团为史家学院各分院配备具有较高理论修养和实践指导能力的专家团队，引领教师在优质均衡的高位平台上发展。并且，每学期推荐集团领袖教师登上"史家讲坛"，与全体教师共叙教育、共话和谐。

打造"史家文库"——

集团将积累的学校管理、教育教学资源，进行系统化梳理、提升，形成以集团办学理念、集团建设成果、教育教学成果、教师个人教育论著和优秀论文为综合体的"家国情怀"育人书系，成为社会共享史家好教育的重要资源。

# 优化品质立标准

始发于办学理念、战略、架构、机制、师资的无边界融合，继起于育人模式、课程、课堂、活动、项目的有品质熔炼，集团各项工作在内涵化发展之路上昂首挺进。特别是集团各中心及各校区携手在战略规划与部署、课改研讨和实施、教师培训体系搭建、品牌项目管理设计、教育督导标准探索、信息化管理服务平台开发、"童蒙养正"课程建设、"伙伴文化"课程建设、七条七巧文化建设、实验生态文化建设、《育人工作手册》编发、《实问实答手册》编纂、校史展陈全新呈现等工作中精心组织、尽心实施，为集团育人的品质化发展奠定了扎实基础。集团优化品质立标准的工作，主要是依托育人品牌项目群内在夯筑品质、外在拓展均衡。史家育人品牌群是从集团化办学实践中自然生发，基于育人要素及其关系的无边界融合，具有明确价值内涵、战略指向、课程形态的教育创新行动群，是史家人不断优化集团育人品质的重要载体。育人品牌项目群的发展，在方法上突破条线育人的边界，在方式上突破符号学习的边界，在方向上突破单向成长的边界，锻炼学生自主与合作，鼓励学生创意与表达，引导学生专注与绽放，成为不断优化集团育人品质、外化集团育人标准的重要抓手。

## 一、突破条线育人的边界，品质源于"统整育人要素"

集团在办学实践中努力突破条线育人的边界，超越过细的学科划分、界限分明的学段设置，以及教育教学两条线的状况，着力优化育人品质。

### （一）"童蒙养正"筑起点

一年级校区致力于幼小衔接期的平稳过渡，着眼新生的年龄特点和认知特点，培养良好行为习惯和悦读习惯，构建了以"童蒙养正"为主题的校本特色课程。课程主要分为"立规成范"和"悦读益生"两大板块，分别构建以培养学生良好行为习惯、激发学生悦读兴趣和培养学生悦读习惯的校本课程。课程主要通过"五个一"，即一日常规、一周启蒙、一月陪伴、一季诵读、一年养正，节节推动学生良好品行的形成。

"一日常规"指一年级部教师结合历年经验积累和《弟子规》相关内容，分类创编了 18 首"韵化儿歌"，反复强化每一个行为规范，使行为习惯养成教育效果突出。孩子们边吟儿歌、边操作，收到了很好的学习效果。"一周启蒙"指一年级校区将入学第一周定为启蒙教育周。在这一周里，老师们把每一天分成几个时段，通过言传身教、反复训练、同伴游戏，让学生尽快熟悉校园环境，进入学生角色，树立规则意识。"一月陪伴"指由一年级体育老师为家长和孩子们编排一套适合在家中进行亲子锻炼的"亲子操"，这不仅增进了亲子之间的感情，还锻炼了身体，增强了体质。"一季诵读"指一年级校区把学生家长请到了舞台上，和孩子们一起诵读经典。老师、家长和孩子交流内心真实感受，传递给他人爱、信任和安全感，从而了解他人、关爱他人、相互信任。"一年养正"指充分利用"六一"之前的入队仪式和队列比赛，培养学生的集体意识和集体行为，促进学生团队精神的形成，以及良好行为习惯的形成。

### （二）"品源至慧"巧思量

在史家数学教育中，学科课程、学科实践活动课程、综合实践活动课程构成一条完整的育人"课程链"。其中，数学学科综合实践课程贯通整体。设置该课程，主要是为了更好地发挥数学在培养学生思维能力和创新技能方面的独特作用，特别是植根于中国传统文化中久远幽深的数理要脉，让学生思接千载、学融中西，进而品源至慧、巧思飞翔，成为具备良好人文与科学素养的现代公民。

在统合社会发展对未来人才的需求、中国传统文化中的数学思想和方法、学校对数学课程的顶层设计等育人关系的基础上，老师们对数学综合实践活动课程的内容作出明确定位，即以数学学科特色为基础，进而突破学科边界、思维边界和时空边界，挖潜中国传统文化中以数学元素为核心的知识域和兴趣点，在数学人文思想与科学精神交融的历史传承中，整体建构史家数学学科实践活动课程内容，创造人文情感与科学思维深层交织的数学综合实践操作的立体成长空间，着力发展学生文理相通的综合素养。

史家数学学科实践活动课程在实施中涉及数学历史、民间工艺、民族节日、中国建筑、地域文化、传统文学、益智游戏七大领域。孩子们可以在传统教室中学习研讨，可以在配备实验器具的教室里开展实践操作，还可以走进科学博物馆，在真实体验中切身感受传统文化中的数学魅力。在这些场域中，教师对学生学习主题进行了板块化设计。"回眸历史"板块，让学生查阅资料，课前了解历史发展演变过程；"走进文化"板块，让学生聚焦元素，将传统文化与数学知识进行对接；"实践体验"板块，让学生操作体验，在感悟中提高数学综合素养；"拓展习得"板块，让学生回顾学程，反思成长中的收获与提升。

（三）"史家书院"小主讲

史家书院秉承中国古代书院的"成人"教育精神，旨在为学生创设一个有历史内涵的阅读环境，定位为学校的"中华传统文化基地"。作为全国最美校园书屋，史家书院开设传统文化课程群，通过灵动自由的课程方式，让学生自主探寻、表达、感受民族文化之美。

史家书院最受孩子喜欢的课程叫做小主讲课程，它是由中国古代书院的"讲会"制度演变而来的。书院传承中国古代书院的"讲会"制度，"讲会"以能者为师，追求各抒己见、百家争鸣的学术氛围，为喜欢传统文化的同学搭建创意表达的舞台。从2014年9月开始，以"创意表达我最棒中华文化我传扬"为主题的小主讲课程在史家书院正式开启。首先，书院招募热爱中国传统文化的同学定期到书院做"小主讲"，爸爸、妈妈、老师、同学可以做助教，共同设计教学内容和形式。这个环节完全采取学生自主报名方式，招收小主讲和小听众，活动广告贴出后，得到很多同学的响应和家长的热情支持。孩子们的讲授内容也是丰富多彩，包括古琴、古砚、古典建筑、书法国画、茶艺、灯谜、青铜器、古代机械、古诗文鉴赏、紫砂、京剧脸谱、葫芦丝等。听众报名也非常火爆，不仅有学生，许多教师和家长也积极参与。小主讲课程是用童心看文化、童言传文化，其背后是孩子们的自信成长！

（四）"童心传媒"多视窗

"史家传媒"课程是基于学生媒介素养教育，对其情感生发、态度形成、品德提升进行层递建构，进而培育社会责任、传播家国文化的综合实践活动课程。课程以"多视窗"模式拓展学习场域、开阔成长视野，致力于让学生在合作与创新中不断提升"解读"和"制作"各种媒体信息的能力。

"史家传媒"是"童心传媒"。老师们根据学生年龄特点和认知能力，有针对性地为五、六年级孩子创设了"多视窗"打开的多主题课程。基于感恩、母爱、责任、生命安全、传统文化等多样化主题，五年级学生着重学习四格漫画讲故事及广告设计，六年级学生着重学习摄影摄像、剧本创编及微电影拍摄。多个可以同时打开的课程"视窗"，让孩子们从"认知维度""知识维度""理解维度"和"能力维度"全面提升自身的媒介素养。

"史家传媒"课程经历了三个发展阶段。第一阶段，由中国传媒大学教师进班授课；第二阶段，年级大课与特长生小课相结合；第三阶段，在大小课结合基础上实行双师制，由中国传媒大学教师与史家小学多学科教师共同承担教学任务。课程重在全员参与，融合语文、美术、品社、音乐、计算机、科学等学科，让学生通过欣赏漫画作品、参观、讲故事、画漫画、设计海报、拍摄微电影等形式，用眼看世界，用心品人生，进行丰富的创意表达，开展广泛的审美体验。

（五）"创艺生活"乐体验

史家艺术教育以美育思想为基石，以"创艺生活"为学科育人理念，致力于将艺术教育融入学生生活，让每一个学生都能从生活中发现美、感知美，进而创造美。在此过程中，老师们主要着眼审美意识和审美情趣的培养，助力"创造、尊重、责任、生命、规则"五大基本意识的培育，使每一个孩子都能在"专注"与"绽放"中获得真切的艺术体验，成长为积极向上、健康快乐、善于交往、乐于表达的"和谐"的人。

艺术教育将多种艺术学科及艺术学科与其他学科进行系统整合，整体建构综合实践课的"艺术 +"课程形态，实现传统艺术、现代艺术的融合与创新，并使之更具现代化、国际化，形成综合、开放、可持续发展的艺术课程风格。

艺术教育贯通课内与课外。前者是面向全体、普及性的艺术学科课堂教学，除国家规定的音乐、美术两大艺术学科外，还涉及书法、舞蹈、戏剧、传媒等艺术综合实践课。后者是学生自主选择的艺术社团和课后艺术兴趣班。老师们倡导"活动——互动体验式"的艺术教学，将艺术教育的人文性与技艺性进行完美结合。通过多种艺术门类之间的交织和沟通设计教学活动，强调学生视觉、听觉、动觉、嗅觉、触觉等多种感官的相互沟通和转换，产生新的创意。"创意表达"是史家艺术教育的显著特色。在每节课的"课前表达"环节中，孩子们都能围绕主题进行感悟鉴赏、创意加工、自信展示。

（六）"粘土动画"趣促学

史家实验学校的"粘土动画"课程，在学校"和谐 + 生态"教育理念的引领下，建立与之相适应的课程行动、内容和资源模块，让学生在参与课程的过程中学会动脑、学会动手、学会合作、学会学习、学会生活、学会创造。

"粘土动画"课程涉及一至六年级所有学生，涵盖美术、音乐、劳技、计算机、数学、语文、体育等多学科的知识和技能。学生可以根据自己的特长与发展潜能，选择相关的子课程开展学习。随着课程不断深入，教师和学生对"粘土动画"因趣成爱、因爱生能、因能增力、因变促学。

老师们以学生兴趣为切入点，以校本课程为载体，设计打造"粘土动画"各级分课程，最终成为一门综合性实践课程。同时，老师们还依托"粘土动画"研究立项国家级、区级课题 2 项，并打造了自己的品牌形象龙宝宝，自主拍摄了反应环保、身心健康、中华民族传统文化等 18 部动画片。

（七）"园艺心理"益身心

史家实验学校的"园艺心理"课程借助园艺素材，在生动有趣的园艺活动中展开心理健康教育。课程根据小学生心理发展特点，将心理健康教育与园艺活动有机融合，在园艺活动中进行学生心理能力培养。同时，课程根据园艺活动的可变性与持久性特点，将园艺活动过程变成培养和提高学生能力的过程，注重点滴培养和长远发展。

"园艺心理"课程明确了学生发展目标，即在园艺活动体验中，能够更好地从事园艺活动，制作出更好的园艺作品；能够提高自身的心理健康水平，提升心理能力水平；能够对园艺活动的计划、实施、改善和反思等提高元认知、客观评价等能力。

目前，园艺心理活动展开的方式主要有面向全体的心理广播、升旗仪式，以及面向部分群体的选修课程和班级种植，还有特需生辅导等。园艺心理活动巧妙融合能力提升与心理健康教育，被专家称为园艺心理当下探索的最佳模式。

## 二、突破符号学习的边界，品质源于"连接书本生活"

集团在育人实践中努力突破符号学习的边界，跳出书本知识的局限，推动校内校外相融合，促进线上线下相结合，着力优化育人品质。

### （一）"服务学习"重德养

"服务学习"项目将服务与学习紧密结合，倡导在学习中服务、在服务中学习。项目通过全员参与和重点打造相结合的方式，借助优质公益组织平台，为学生提供专项资金资助，鼓励学生开展创新公益行动，激发学生公益梦想，从而培养学生的公民意识、社会责任感和奉献精神，全面提升学生的思维力、领导力、沟通力及团队合作能力。

在"服务学习"中，文化传承、公共安全、养老助老、扶贫帮困、环境保护等一系列关乎国计民生的社会发展大命题，开阔了孩子们的视野。在一个不断强化家国担当的教育能量场中，孩子们的学习样态更加生动、成长方式更加主动。

孩子们经历"发现——计划——行动——反思——分享"五个阶段，实现了由公益梦想到公益行动的跃变，涌现出"暖冬红围巾计划""放下手机让我们在一起""古琴文化伴你行""八段锦进社区""走进故宫重拾历史""CPR 知识讲堂""争做文明旅游小达人""影为爱""有故事的古树""为井盖穿上彩衣""亲子坏情绪 Go Away""重拾传统体育游戏""城市树木美容师""因为爱、乐传情""小小社区消防员""濒危盒子""家书守护行动""关爱失智老人""BASS 刷牙法""'爱的牵挂'急救档案""'陶器宝'打开无声世界""毛绒玩具、温暖传递""环保布袋 DIY""文明遛狗、安全出行""分享爷爷奶奶的精彩人生"等一系列优秀的公益行动项目。许多项目进入"益路同行"平台，获得由中国扶贫基金会颁发的"优秀公益创新团队"奖，项目组核心成员获得了"小公益创想家"奖。

（二）"知行日新"创智汇

史家创智汇育人项目以集团无边界课程"课程活动化、活动课程化"为遵循，引入国际流行的公司制学习模式，旨在基于真实场景的活动学习，历练学生的综合能力，并使学生深入了解商业世界，培养创新能力、经济学思维及契约精神。

创智汇育人项目从小学生的年龄特点、心理特点、思维特点出发，将创新能力的内涵标准划分为"创新思想""创新技能""创新行动力"三个维度，进而为学生设计安排了课程学习、实践内容两大板块，联动激发学生的想象力和创造力，将知识转化为实践应用。课程内容设置，依据教育家杜威的"教育即生活"理论，犹如打造一个真实的社会环境。

每一轮的项目实施分两学期完成。第一学期开展课程学习，学生在"BIZWORLD 商业世界"专业课程中系统了解商业运营的相关知识，在头脑中形成创意思维的基本框架。第二学期开展历时三个月的"校园 MAKER 分享会"，学生自愿跨班、跨年级组成 6~10 人的"公司"，运用科学知识和技术为现实生活设计一款"具有一定科技含量的自造品"。在整个过程中，学生要经历课程学习、个人 SWOT 分析、公司团队组建、市场调研、产品孵化、产品制作、产品试验、产品迭代、财务管理、营销策划、展销宣传、分享反思等多个环节。项目启动两年来，有 300 多家"公司"成立，2000多名学生参与其中、知行日新。令人耳目一新的产品涵蕴着浓浓的人文情怀。在创意商品展销会上，公司成员设计展板、布置展台，向前来"订货"的同学们宣讲自己的产品。经过同学、评委的考察，层层选拔出三十强和十强，参加最后的创意商品发布会。发布会上，在知名 CEO 评委和所有参赛同学的注目中，十强选手精彩展示、绽放光芒。

（三）"国际交往"心连航

史家国际化育人项目"秉承中华五千年文化，携手世界五大洲文明，促进每个学生健康快乐成长",致力于"在全球化趋势愈加明显的今天,使学生形成坚实的国家认同和广博的世界胸怀,成为具有本土情怀和国际素养的 21 世纪公民。"

史家国际化育人项目由特色活动体系与课程体系聚合而成。国际化特色活动体系以"文化理解""国家认同""全球责任"为主题板块。"文化理解"包括"参与艺术、体育、科技等国际赛事""国际友好校之间互访"等,旨在加强学生对世界文化的理解,形成对不同文化的尊重。"国家认同"包括"教大使夫人写汉字""双语校园讲解员活动""民宿活动传播中国文化"等,旨在让学生弘扬中国传统文化,形成对本国、本民族传统的认同和热爱。"全球责任"包括"参加模拟联合国活动""参与国际教育社区"等,旨在增加学生对全球事务的了解,提高国际意识,形成全球责任感。国际化课程体系通过三大路径实施:一是二次开发学校传统课程,包括"JA 课程""英语绘本阅读课程""英语戏剧课程"等;二是新开发校本课程,包括"国际理解课程"等;三是学校活动课程化,包括"模拟联合国课程""访学课程""游学课程"等。

心与心连航,情与情接壤。史家国际化育人课堂涵盖校内外,甚至国内外。不论课堂在哪儿,都以学生为主体,形成了以启发思考、探讨研究、自主发现、共同分享为主的课堂特色。特别是在多样的学习场域中,多元的课堂设计让学生有更为开放的学习内容、更加包容的学习态度、更具个性的表达方式。

(四)"博悟印记"树栋梁

作为史家特色课程,"中华优秀传统文化博物馆系列课程"旨在带领学生探寻博物馆珍藏文物背后的故事,挖掘中国人千载传承的美德、为人处世的态度、含蓄委婉的表达、诚信有责的精神,进而推动学生经历一个从认知到认同再到归属感和自豪感的价值观建构过程。"博悟学习"源物启悟、博悟厚德的价值取向,充分体现在由集团跨校区、跨学科的 200 多位教师共同研发的"中华优秀传统文化博物馆系列课程"中。

"中华优秀传统文化博物馆系列课程"包括"漫步国博"和"博悟之旅"两部分。"漫步国博"系列课程带领学生走进国家博物馆开展学习。课程优势主要在于学生能够直面真实的文物，由此看到科学技术、文学艺术、生命繁衍等人类社会各个方面发展进步的历史脉络。课程内容设置立足学生生活实际，分为说文解字、服饰礼仪、美食美器、音乐辞戏四个主题，并按"工具性→功能性→工艺性→文化性"的学习脉络层层递进。"博悟之旅"系列课程是将博物馆中的文物或历史古迹、古代技术、传统习俗等内容引入国家课程，使其成为中华传统文化学习的重要内容，并形成学校课堂的有效补充。课程教材以史家"种子计划"为价值坐标，以"生命、创造、尊重、责任、规则"五大意识培养为主线，与之相应的每一课教学设计都是对史家和谐育人理念的结构化表达。

"中华优秀传统文化博物馆系列课程"既可以融入各学科教学，也可以单独成课讲授。老师们在开学初组织开展"年级选课、课表套排"工作，在此基础上结合两个系列课程的不同特点分别组织课程实施。当前，史家教育集团与中国国家博物馆、北京市古代建筑馆、北京古钱币博物馆等多家博物馆建立了长期深入的合作关系。始于博悟，成于栋梁。在课程学习中，孩子们的身上有了与众不同的"博悟印记"。越来越多的博悟时空，正在成为史家学生健康快乐成长的无边界场域。

（五）"筑梦星空"金鹏举

史家天文教育是培养"全面发展的人"的教育，致力于以天文普及为抓手，通过学习天文知识、锻炼操作能力、渗透天文文化等途径，全面提升学生的综合素养，使学生形成正确的人生观、世界观和价值观。作为北京市金鹏科技团，史家小学天文社汇聚了一批"筑梦星空"的小小天文爱好者。他们在天文课程的滋育下，以自身的光芒为成长的天空增色。

天文教育项目依托天文课程开展，在"大课程观"的指导下形成了多元化、立体式的课程结构，即学校课程与社会课程相结合、显性课程和隐性课程相结合、必修课程与选修课程相结合、活动课程与书本课程相结合、共性课程与个性课程相结合，自成系统又与学校整体工作紧密联系的天文校本课程体系。课程内容包括天文知识的教学、天文技能的训练，还有天文文化和科学发展史的渗透，体现了科学与人文相结合的思想，让学生在天文课上得到全方位的发展和成长。

在天文课程实施中，老师们不仅编写了面向全体学生的天文教材，还利用节假日和双休日带学生走出学校、来到郊外，在大自然中开展星空观测实践活动。夜间，孩子们认识星空，进行天文摄影创作；白天，孩子们学习基础操作，并开展生物、地质和人文考察。学校天文社日益壮大，从最初 8 人发展到当前 240 多人。社团采取学校、学生、家长三维管理模式，不仅锻炼了学生的组织管理能力，也密切了亲子关系和家校关系。

（六）"义务打气"长坚持

史家七条小学"学雷锋义务打气队"20 多年如一日坚守七条胡同口，为数以万计的过往骑车人义务打气，气韵流长，厚德健行。"打气精神"已成为七条文化的巨大财富，也已成为七小德育的品牌标识。

在 2012 年 3 月 5 日全国第 49 个"学雷锋纪念日"，七条小学的师生启动"行动公益社"，把服务内容从打气岗拓展到校内志愿岗、博物馆讲解、社区志愿服务等方面，并且依托行动公益社的成立在更高平台上弘扬"打气精神"。同时，七条小学的师生把"打气精神"具化为"七气"，即正气、朝气、志气、大气、才气、雅气、勇气，并号召人人争当"聚气少年"。聚气，就是指汇聚"七气"，让积极向上的精神气时刻充盈在七小学生"知、情、意、行"的各个层面。

在以"七小七气"为核心语的学校德育工作中，七条师生共同探索出一条德育文化纵深化、综合化、特色化发展之路。纵深化，主要指以"再小的坚持也是力量"为口号，依托行动公益社的成立在更高平台上弘扬"打气精神"；综合化，主要指拓展行动公益社的活动范围，引导学生关注、关爱更多需要帮助的人；特色化，主要指把"打气"发展为"聚气"，让七小德育活动体现出一种价值鲜明的社会责任感、互助意识和参与精神，从而有效地强化文化精神对学生人格的塑造作用。当前，七小德育正以其恒久的生命活力，焕发出新的文化魅力。

（七）"家校共育"促和谐

家校共育是学校长期坚持的优良传统。和谐史家，史家和谐。教师和家长一直是平等的育人伙伴。近年来，学校遵循"理念共识、管理共为、教育共享"原则，不断创新家校共育机制，特别是探索实施"家校联动模式"，在"妈妈读书会""爸爸运动队"活动课程中倡导"母传德、父传责"，在"星期六课程"中倡行家长授课、亲缘共享。由此，在史家教育中，每一个孩子都有千百个家长，每一个家长都有千百个孩子。同时，学校还为教师和家长定期开设"家庭教育指导课程"，助力家校共育进一步走向专业化。目前，90%以上的学校教职工具有"家庭教育指导师"资格，与全体学生家长在和谐育人道路上并肩开步、携手同行。

**三、突破单向成长的边界，品质源于"提供多样选择"**

集团在育人实践中努力突破单向成长的边界，由课程立标向课堂立交转变，为孩子提供多元的发展机会和多样的选择权利，着力优化育人品质。

（一）"伙伴文化"手拉手

二年级校区针对二年级学生同伴交流、展示自我的需求，以及学生未来进入社会、融于社会、服务社会的需要，用"学、思、知、行"四个维度来连缀起课堂、课后、校外的学习环节，确立了"小伙伴文化课程"的整体结构。并且，老师们围绕"自信表达会沟通、同伴配合能合作、悦纳伙伴懂分享"的培养目标，设计了四类课程：游戏课程、阅读课程、社团公益课程、特色活动课程。

伙伴课程关注每一位学生的主体性，发现每一个个体的不同。同时，课程具有"弹性"，很容易融进语文、数学、英语、音乐、美术等相关课程。作为学生实践平台，伙伴课程注重在活动中增进成长体验，体现人与人、人与社会、人与自然的和谐伙伴特色，从而在校区、班级、学科、家校多个层面开展了"三个一"（升旗手、值周生、小主播）、小社团等一系列小伙伴特色活动。

在课程建构的同时，二年级校区还编纂了《大槐树 小伙伴》一书，凝聚起三届二年级团队对"伙伴文化"的孜孜追求和不断努力。书中将二年级的典型活动和特色课程以图文并茂的形式展现，每一章节后都留有同学记录的地方，同学们可以在参与活动后或写或画，记录下自己的感受；可以与结识的新伙伴共同写下对小伙伴校园的期待与热爱，还可以请老师或家长一起参与，最后将每年二年级毕业时学校送给同学的合影照片粘贴好，记录下二年级一年的美好回忆。

（二）"人文化成"贵担当

史家传统文化课程以"人文化成"为价值内核，以"使命担当"为格局精要，基于而不囿于个人灵魂修养，在启迪民众智慧、承续民族精神的宏大叙事中，致力于让全体学生都能够从中华文化经典中得到志许天下的生命滋养。

在课程建构过程中，老师们根据学生的年龄特点和认知水平，选择不同的传统文化内容，如"古文字"绘画活动、诗词吟诵、汉服礼仪、文言文小剧、整本书阅读、文言文思辨、"本草小电台"等，结合不同的传统文化学习样式，坚守学科本质属性，集纳课程广域资源，使传统文化教育落地生根、枝繁叶茂。

在课程实施过程中，老师们抽绎适合儿童特点的传统文化内容，推动学生在课堂实践中多体验、多参与、多思考、多表达。譬如，在古文字绘画课程中，师生共同认识了一个又一个古汉字之后，又一起利用这些汉字元素进行绘画。3000 年前的古文字在孩子们笔下重新焕发生命的力量，中华文化童年期的智慧结晶在孩子们心里生根发芽。在挥墨画字、援翰写心的课堂古韵中，识字教学与美术、书法自然地融为一体。又如，在"诗歌吟唱"课程中，老师们将《语文课程标准（2011 版）》中要求学生掌握的75 首古诗及一些适合中年级学生诵读的诗词进行谱曲，使学生能够在吟唱的过程中自然记忆成诵；同时，老师们着力"再现"诗词所呈现的情境，"复原"古代吟唱这一诗作的场景，构建诗词与学生生活之间的内在联系，"激活"每一首诗歌所涵蕴的内在生命气息。

（三）"文化表达"读书社

史家"表达课程"基于学生发展需求和语文教学特点，以阅读为载体，以表达为路径，在小组协同学习中致力于提高学生的文化表达能力和沟通交流能力，让学生能够自主清晰地运用语言表达所见所闻、所思所感，并能够在各种文化场合中适当且富有创造性地实现语义与语用的真实互动。

"表达课程"采取"阅读+表达"的方式，以学生喜爱的阅读活动为载体，以小组协同学习的"读书社"为组织形式，以丰富多彩的表达为外显内容。阅读所选书目分为两个系列，其一为"文学"系列，其二为"传统文化"系列。"文学"系列一至六年级选择了韵语、绘本、童话、动物小说、中国小说、外国小说；"传统文化"系列选择了《声律启蒙笠翁对韵》《中国古代寓言故事》《中国神话传说》《上下五千年》《西游记》等书目，整体指向学生语文综合素养的提升。

课堂按照"书目选择→角色分配→课下阅读→课上小组讨论→课后反思→汇报总结"的基本流程实施。每个班分成6~7个读书社，每个读书社成员在5~6次的"课下阅读、课上讨论"中，会承担不同的角色，比如社长、评论员、朗诵家、小记者、摘要员、小画家、小神探等。老师们通过"读书社"这样的课堂组织形式，为所有的学生构建了一个包容、公平的课堂共同体，给学生思考和谈论学习内容的机会，让每个学生都参与阅读与表达，不断提升阅读思维，实现创意表达。

## （四）"人格教育"青苹果

"青苹果之家——史家小学青少年健康人格教育基地"旨在"帮助孩子们解除成长中的困惑，培养良好品德情操、心理素质、行为习惯和社会适应能力，提高综合素质，促进和谐发展"。

走进"青苹果之家"，首先映入眼帘的是苹果造型的天花板及由孩子们可爱笑脸构成的苹果墙。在"百草屋"，老师们引导学生开展自主学习探究，装饰中药抽屉，种植中草药，了解药性药效，背古方，按穴位，制药丸，感悟中医药文化的博大精深；在"轻松屋"，老师们开展学生团体辅导，开设了"学会欣赏""做最好的自己""自信心的建立""放松减压""了解情绪"等多种课程；在"筑梦空间"，孩子们可以在沙盘游戏疗法中讲述成长的快乐和烦恼，分享着伙伴的收获，在老师引领疏导中前行；在"互助空间"，通过开展亲子辅导、家长课堂，老师们让家长与孩子在专家帮助指导下学习、反思、互动、分享，促进彼此了解。在"心灵花园"，老师们在温馨安全的环境中，通过心理学技术和方法，为需要的孩子量身定制微课，帮助他们敞开心扉、获得成长。

着眼于"实现人与自身的和谐，培养学生生命意识和自主能力"，"青苹果之家"还开设了自学课程、心理健康课程、游戏课程、面授课程、个体微课程、体验课程等形式多样的课程，致力于让"儿童整个的身体和整个的心灵来到学校，而以更圆满发展的心灵和甚至更健全的身体离开学校"。

（五）"全球参与"胸怀志

史家英语课程以 SHIJIA（Service －服务；Horizon －眼界；Integration －整合；Joy －乐趣；Involved －参与；Ability －能力）为课程目标，以"文化无边界"为价值取向，基于国家认同感、民族自豪感与历史使命感的跨文化培养，致力于让学生在掌握语言交际工具的同时开阔视野、胸怀大志，并在理解文化差异、尊重人类尊严的基础上积极参与全球事务。

在教育教学实践的基础上，老师们系统构建了以基础性课程、综合实践课程、课后3：30课程群为主体的史家英语课程体系。基础性课程着眼于学生六年的英语学习，系统整合课程资源，宏观把握教学目标，全面落实学生发展核心素养，努力构建"学思相融、知行互促"的史家英语课堂模式；综合实践课程以文化交流为目标，按照不同年级学生的认知特点，设计有关中国传统文化的英语综合实践课，并与国际理解课程相结合，使学生在了解世界的基础上，自信地向世界介绍中国；课后3：30课程群鼓励学生根据自身喜好自主选课，在丰富的课程体验中发现自己的闪光点。

在课程实施中，基础性课程聚焦课程整合，提高课堂效率。低中高学段分别以故事教学、会话教学、阅读教学为课程进阶。同时，各年级开设SSR持续默读项目，在每节课的前5分钟由学生自主选择相应书目进行阅读并作笔记。对此，老师们参照美国蓝思阅读书目体系，为每个年级学生选择了基于其平均水平的两个级别共80本原版图书。综合实践课程聚焦文化交流，主要由文化交流课程和国际理解课程两部分构成。前者重在让学生在课程学习中传递中国形象、中国理念、中国价值；后者重在让学生基于国际事务的了解，增进文化交流的自觉。

（六）"健康工程"助成长

史家"健康工程"是集团为孩子身心健康和社会适应打基础的育人工

程，其目标是"增强身体素质，强健体格；启迪身心智趣，滋养性格；塑造坚韧勇敢，完善品格"，其内容包括体质提升、心理健康、预防近视、肥胖干预、个性培养等五部分。老师们制定了阶梯式的育人路径，通过基础、兴趣、选择、提升、拓展达到人格基因初养成；调整了相应的课程结构，贯通通识化传授核心课程与个性化培养专修课程；完善了相应的课程形态，整体推进特色课程、特色课间操、体锻（集团各校区一体化）、大课间（"我的课间我做主"）、课后专修、精彩活动等六个板块。

在科学分析、系统监测的基础上，老师们专门成立了特色健康工作室，推动"健康工程"促进学生"身心智趣"立体发展。一是着眼于健"身"，开办了小壮壮训练营，为肥胖学生开设运动处方、饮食处方，并面对视力问题，建立了睛睛眼科中心；二是着眼于育"心"，创建了"青苹果中心"健康人格基地，促进孩子品行、心理、生理、体能协调发展；三是着眼于益"智"，编撰了《健康娃娃》《科学用眼》《芽牙得益》《魔法厨房》《心语心说》等由孩子们自己创作的健康系列丛书；四是着眼激"趣"，成立了精品学生社团，让孩子们在特色活动中激荡"少年强则中国强"的荣耀！

在此基础上，老师们积极促进家校社联合，各方共同推动"健康工程"。一是与国家体育总局体育科学研究所合作，建立体质监测 App 平台，对学生锻炼情况进行实时监测，对学生体质健康状况进行全程监控；二是与各级体育部门深度合作，为学生成长搭建平台，聘请专业教练团队和各方专业人士，对学生进行个性化科学指导；三是组建了"爸爸运动队"，携手家长为学生健康成长保驾护航。

（七）"载歌载舞"金帆扬

史家舞蹈团、合唱团分别于 2008 年、2011 年获评"北京市学生金帆艺术团"。金帆舞蹈团以"坚韧执着、乐观守纪、尊重荣誉、超越自我"为核心精神，金帆合唱团以"提高审美情趣、提升综合素质、培养合唱人才、繁荣校园文化"为教育目标，共同致力于以歌舞艺术拓宽育人路径、丰富成长内涵。

金帆舞蹈团为学生打造了多种多样的舞蹈作品。其中，《爆米花》《少年先锋》《饭米乐交响曲》等踢踏舞原创作品，拥有穿越时光的魔力，受到一届届学生的喜爱。同时，舞蹈团还开设了丰富的课程，有体现史家舞蹈特色的踢踏舞课，有体现民族传统文化的袖舞课，还有提升学生创造力和表现力的戏剧表演课等等。金帆合唱团的排练曲目适合各梯队学生，近年来举办了一系列以"跟着太阳一路来"中外童声合唱专场音乐会为代表的大型艺术表演活动，特别是还携手特教学校的孩子，在"特普融合"专场演出中共同演绎歌曲 *Can you hear me*，唱出了全社会关注特殊教育、关爱特殊儿童的深情呼唤。

在普及的基础上，金帆舞蹈团和金帆合唱团的艺术教育活动力求创新。舞蹈团重视舞蹈基本功的训练和民族文化的传承，舞蹈团原创的具有中华民族特色的舞蹈《小狮子滚绣球》，演绎出小狮子憨态可掬、活泼可爱的形象，服装也极具中国特色，曾多次代表中国参加国际文化交流，深受国内外人士的欢迎。合唱团利用识读中外乐谱、多媒体、实践演出等多种方式教学，确保学生在优质的课堂上接受优质的合唱教育。孩子们能够创造性地诠释不同时期、不同风格的声乐合唱作品，得到专业人士的赞誉。

## 强化发展出成果

史家教育在集团化发展中不断前行，在学生成长、教师发展、学校建设的层面实现了优质均衡效应的立体拓展。史家人，这是一个承载着时代使命和社会责任的厚重的名字。史家教育集团建设关乎学区内每一个家庭的教育向往和每一个孩子的人生选择，怎能不让每一个史家人朝夕连心、日夜牵怀！强化成果意识，扩大办学影响，全体史家人致力于让老百姓收获看得见、摸得着的教育幸福。

### 一、学生各得其乐、健康成长

在内容多样、形态丰富的学习时空中，史家学生致力于拥有家国情怀、文化涵蕴、全球视野、未来格局的全面和谐成长，收获"身心智趣"的立体发展。

### 1. 学生收获"身"的发展

史家"健康工程"实施以来，学生肥胖率下降了 6 个百分点，视力不良检出率逐年下降，特殊学生的成长状态不断改善。同时，集团针对青少年生长发育需求，为全体学生制定了科学合理的营养食谱；特色体育课程和精品社团活动则让每一个孩子都能找到使自己成为拔尖创新人才的机会。在《中医药》课程中，学生学习中医穴位的按摩，并在家庭中进行实践。可能孩子按的穴位不太准确，却会"按暖人心"。史家孩子在六年中强健体魄、磨砺意志、锤炼品格、健全心智，增益健康快乐，绽放生命光彩，奠基幸福人生！

### 2. 学生收获"心"的发展

在"服务学习"中，上千名少先队员向学校提交了提案，经过层层评审和答辩，"暖冬红围巾计划""八段锦进社区""为井盖穿上彩衣"等 10 个子项目进入"益路同行"平台，获得由中国扶贫基金会颁发的"优秀公益创新团队"奖，项目组核心成员获得了"小公益创想家"奖。孩子们在服务的过程中收获了一份责任感、一份同理心，也收获了自信和快乐。

在传统文化课程学习中，孩子们浅吟低唱古代诗歌、群议众论文学经典，处处可以看到他们围在中草药前认真观察的样子，以及专心致志地玩蹴鞠和投壶的身影——浸润在醇厚浓郁的传统文化氛围中，孩子们深刻体悟中国古代人文精神，民族情结与爱国情感油然而生。中华传统文化中的"优秀因子"，当春知时地播撒在孩子们生机勃发的青青心田……

在天文项目学习中，孩子们普遍表现得更加坚毅、豁达、平和、友善、自律、勤奋。有一个孩子，刚从零上 30 多度的新加坡回北京，就到零下 30 多度的坝上草原进行夜间观星与拍摄。由于惊人的勇气与坚持，她成功拍摄了巴纳德星云和巴纳德环。对此，她说："学习观星和天文摄影，最重要的是要有一颗热爱天文的心！"类似故事比比皆是。孩子们在跋山涉水中强健了体魄，在对天象的等待与守候中锻炼了毅力，在集体生活中学会了为人处世，在设备操作中提高了动手能力，在天文摄影中提升了审美水平，在课题研究中学会了理性思考……

在科技课程中，老师将学生在课程中制作失败的作品一一陈列出来，并分析形成原因，使学生能够在失败中听到成长的脚步声。

在国外演出中，不满十岁的孩子体现出的"坚韧执着、超越自我"的金子般的品格，以及多年的磨炼在手上留下的"成长的勋章"让人动容。

在学校历次大型运动会上，激烈的赛事之后呈现在我们眼前的是片纸不留的万人座椅，让人们感叹"精彩在离场后延续，美德于点滴间传承"。

### 3. 学生收获"智"的发展

在"品源至慧"数学学习中，全体学生的学习过程变得更加综合开放、立体生成。孩子们切实转变了学习方式、拓展了成长天地。他们激动地说："这样的课程不仅增强了我的动手能力，还打开了我的数学思路。学习有趣味，我们很喜欢！我学会了两人配合、联手解题，在精神上很有收获。我接触到好多没有见过的精巧器具，在眼界上大有扩展！"

在语文"表达课程"中，孩子们既迁移传统语文课堂上所学的阅读方法，又不断举一反三、拓宽思维。他们的阅读视角在拓宽、阅读品质在提升，无论是阅读还是表达都更具有创新意识。孩子们情不自禁地说："我喜欢这样的课，既有意思，又掌握了很多阅读方法，比如用思维导图表达自己的感受，还学会了向其他人学习。"

在"创·智汇"项目中，孩子们的创意涵蕴着浓浓的人文情怀。如"分层城市"，体现了孩子们对城市命运、人类命运的关切；"老人跌倒自动报警器"，是因为孩子们观察到老年人的生活不便；"动感手环"，是舞蹈团的孩子们和听障舞者同台演出后深切感受到他们对舞蹈的热爱和因身体缺陷带来的困难而产生的创意……每一个产品的诞生，都彰显出科学与爱心的相遇、个体与他者的连通。一个孩子在作文中挥笔："原本我以为商业活动离我们小孩儿的世界太远了，而如今我敢自信地说：我们虽然小，但是我们的世界却可以很大！"

在英语课程学习中，孩子们都能够自信地向外国小朋友介绍中国优秀传统文化，具备了与不同文化背景的人进行开放、适宜、有效互动的基本能力。一批批史家学子在国际舞台上绽放精彩。在美国纽约 2016 世界青少年峰会上，10 名史家学生参加了模拟联合国活动，并在社交晚会与文化交流晚会上与各国学生代表进行了广泛的文化交流。整个会议期间，孩子们全程英语交流，经历演讲、动议、辩论、磋商、联盟、决议、表决等一系列环节，一举一动尽显健康、阳光、自主的史家学子风范。

在"中华优秀传统文化博物馆系列课程"的学习中，孩子们知道博物馆是学习的场所，是记录祖先文明的地方，因此，他们抱有一份敬仰之心，形成了一种史家人独特的博物馆行为礼仪。面对每一件文物，孩子们都会多角度思考、多层面理解，从而对祖先的聪明才智充满敬畏与尊重。在开放的学习场域中，孩子们更加敢于表达，关于文物的大量信息是在对话中持续获取与积累的……孩子们真正收获了自觉利用社会资源丰实精神世界的生命成长！

**4. 学生收获"趣"的发展**

在各级各类的演出、比赛、交流活动中，史家金帆舞蹈团和金帆合唱团的孩子们表现突出。孩子们频频在演出活动中力显艺术追求，频频在各类比赛中力夺奖牌名次，频频在交流活动中力证健康成长。民族舞《剪纸姑娘》经过史家师生的改编，演变成更为适合小学生的童趣之作，更加鲜明地体现了中国孩子的心灵手巧。而一位已经毕业的合唱团孩子自作词曲，一首《蒲公英》已经成为众口传唱的史家毕业歌。

在"史家传媒"活动中，一个钟情于黏土动画制作的女生，精心地塑造了一个美丽的公主形象，在欢欣无限的童趣视频中圆了自己心中的"公主梦"。一个喜爱电影创作的男生，召集志同道合的孩子成立了"老黄工作室"，用风雨无阻的镜头记录史家、记录成长。当他们高举"萌芽杯"微电影创作奖之时，工作室主创豪情满怀地说："今天我们拿到的是史家奥斯卡，明天我们一定努力拿到世界奥斯卡！"

**二、教师各尽其才、幸福工作**

在集团化办学中，各校区教师师德发展、师能提升和师情畅达，收获了基于真实育人情境的综合发展。

史家教师在集团化育人工作中创造了令人瞩目的成绩。教师们多次在全国教学比赛中获一等奖，获全国教育改革创新杰出奖，获北京市教学成果一等奖，获东城区杰出教师、人民教师等荣誉称号。集团现有特级教师4

名，北京市骨干教师 16 名，中学高级教师 31 名，东城区学科带头人 16 名，东城区骨干教师 65 名，以教师领袖命名的工作室、工作坊共计 26 个，成员 260 名。老师们"十二五"立项的 20 余项课题涉及"和谐教育"课程新体系的建设、教师专业发展中的队伍建设、学生基本学习素养的形成与提升、集团发展的战略等全方位的现实问题。教师们以课题为依托，参与到科研的行动研究中，将实践与理论对接，解决发展中的现实问题。

在自身发展的同时，教师们还依托史家学院将集团的优质资源向社会纵深扩展。作为北京市乡村教师的培训校、北师大培训基地、北京市教育学院的培训基地，学院承接了大量北京市乡村教师的培训任务，参与北京市城乡一体化项目，培训人次达 4000 人，涉及北京的各个远郊县。史家的老师们承担了教育部"影子培训"计划，持续支援中西部中小学校长培训，并签收部分教育薄弱地区，支持乡村教师进修，实现了教育教学观摩、学校管理交流的常态化。正是在这条拥有家国情怀、具有史家特色的教育精准扶贫创新之路上，每一位史家教师实现了职业发展境界的内在提升。特别是集团领袖教师通过点对点的方式与乡村教师结成了成长伙伴小组，并且互为领袖、互相追随，让教育增能的半径不断扩展。作为集团精神的人格化身与形象投影，史家领袖教师在责任中学会了担当，在担当中激发了潜能，不仅出色地完成教育教学任务，还对教育教学行为进行反思提升，形成经验、标准和模式，并主动分享、多向输送教育智慧，扎扎实实地为国家义务教育优质均衡发展做出了贡献。

首都师范大学项目组的"史家教育集团干部教师调查"显示：

在对集团活动的参与方面，教师们都积极参加了集团组织的活动，在"广大教师在集团和学校发展中享有很大的参与权"这一问题上选择"确实如此"的比例超过 80%。

在对集团化办学的认同方面，86% 的教师认同"我是史家教育集团的一名老师"，更愿意以集团人的身份示人。对"史家教育集团的教师具有较强的集团人的意识"，表示"完全赞同"和"赞同"的比例超过 98%。

在对集团化办学效果的评价方面，大多数教师认为，学校集团化运行之后，组织机构更完善了，所在校区的管理更加规范了；此外，一致认为史家教育集团的管理效率很高、史家教育集团的干部都很称职。并且，多数教师完全同意或同意"集团化促进了我所在校区的发展""集团化扩大了各校区的优质资源""史家教育集团的成立，为各校区教师的发展提供了更广阔的平台"。

在对史家小学在集团化中的作用的评价方面，在"史家小学的干部在校区管理上发挥了示范带头作用""史家小学的教师在集团教师专业发展上发挥了带头作用""集团成立后，史家小学优质资源确实辐射到集团内各校区"三个问题上，教师们选择"完全同意""同意"的比例合计都是100%。这说明教师们对史家小学在集团化中的作用是非常认可的。

在对学校集团化运行对自身影响的自评方面，在"为了适应集团发展，我重新制定了个人发展计划""学校参加集团后，对我业务能力的要求提高了""集团成立后，我的工作任务难度加大了"等问题上，多数教师选择了肯定性回答。这说明教师们一方面非常认同史家教育集团的成果，同时也感受到了个体发展的压力和挑战。令人欣慰的是，教师们在感受到压力的同时，也感受到集团化办学对自身的积极影响。在"集团成立后，我的专业发展获得了更大平台""我的业务水平获得显著提升""我确定了更高的职业发展目标""我实现自己职业目标的信心提高了"四个问题上，选择"完全同意"和"同意"的比例都分别在40%左右。

在个人职业发展目标方面，教师们将正高级教师作为追求目标的有27.1%，还有21.5%的教师表示有这个想法，但是还未付诸努力，11.45%的教师表示曾经有过这个想法，但是目前已经没有了，值得注意的是有近40%的教师表示"完全没有考虑过"。在北京特级教师的追求上，有19.39%的教师表示"强烈愿望并以此为目标"；16.36%的教师表示有这个想法，但是还未付诸努力；9.81%的教师表示曾经有过这个想法，但是目前已经没有了；值得注意的是超过54.21%的教师表示"完全没有考虑过"。在骨干教师、学科带头人的追求上，其选择比例与"北京市特级教师"的追求上大概一致；此外，在是否想成为专家型教师上，有近40%的教师表示了强烈愿望，只有10.75%的人表示打消了这个想法，29.21%的教师完全没有考虑过成为专家型教师。在兼职行政职务、专职行政职务的追求上，分别有 65.19%、70.33% 的教师表示"完全没有考虑过",这说明大多数的教师是安于从事专任教师的岗位工作的。在"转行做别的职业"中,接近 80% 的教师表示"完全没有考虑过",这说明我们的教师队伍是比较稳定的,大都将教育事业作为毕生的事业。

概言之,集团的成立使原有各个校区的教师从"学校人"逐渐过渡到"集团人";在学校集团化运行的一段时间后,教师们开始以集团人的身份从事工作和生活。教师们对集团活动的参与是积极的,他们对集团活动的效果也是充分肯定的。对于史家小学在集团化办学过程中的"龙头校"的角色,被教师们也给予了积极的评价。此外,在集团化办学的过程中,集团化成为一种积极的推动力量,教师们意识到学校集团化发展对自身提出的新要求,大部分教师能够积极主动调整自己的职业发展规划,积极适应集团生活的节奏。

### 三、学校各美其美、美美与共

集团成立后,打开各校区原有的价值边界,实现了理念上的共通共融;打开了各校区原有的管理边界,实现了运行中的互联互动;打开了各校区原有的校园边界,实现环境上的统规统建。特别是各种办学要素的结构性融合,极大增进了发展内核的定向化熔炼,全面促长了教育质量的内生式荣点。史家教育在学生健康快乐成长与身心智趣发展中呈现出一派生机盎然、万物勃发的改革创新气象。

#### (一)史家小学校区(含遂安伯小学)精彩纷呈

龙头校史家小学不仅保持着自身的教育品质和办学特色,而且因品牌延伸、平台升级,规模效应日益显现,新生入学从 14 个班级扩充到 18 个班级。史家教育的核心理念得到了深度传播,重要机制得到了深度解读,优质资源得到了深度拓展。一年级校区着力推行了以"一日生活、一周启蒙、一月陪伴、一季悦读、一年养正"为进阶的零起点教育,"养正画廊"的学生画展受到各方好评。二年级校区全面凸显了以沟通、合作、分享为核心的"伙伴文化"特色,伙伴讲坛"乐享阅读"得到学生喜爱。中高年级校区作为集团发展的核心场域,确立了标准建立先于资源流动、模式输出重于经验辐射的均衡拓展思路，在集团管理、课程建设、项目推进、教师发展、学生成长等方面形成了制度标准，如《史家教育集团理事会章程》《史家小学章程》《集团育人工作手册》《实问实答手册》《育人品牌项目管理办法》、家国情怀育人模式、无边界课程体系、"学思知行"课堂模式、学生学业成长树（24点）标准、学生学习表现 AB 评价模式等，还在集团化办学的内动力激发方面创生了理念创新带动、战略创新驱动、架构创新促动、机制创新联动、队伍创新推动的"群动"模型。"领袖教师"评价、学生 24 点评价等方面的信息化编制得到推进，为进一步提升科学管理水平提供了技术支撑。史家国博课程统合历史资源、文化资源、社会资源、生活资源和实践资源，已经把课堂及其教学模式拓展到七条校区和实验校区，并且正在对东城区教师进行专业培训，为进一步发挥全区辐射带动效应奠定基础。

史家小学获得全国科技教育十佳学校、全国学校艺术教育先进单位、全国群众体育先进单位、首都文明单位标兵、北京市教育科学研究先进学校、北京市中小学美育研究先进校、北京市科技教育示范学校、北京市金鹏科技奖等多个国家级、市区级先进称号。学校课程建设成果获得首届国家级教学成果奖、北京市基础教育教学成果一等奖。学校艺术、科技社团荣获北京市中小学规格最高的艺术、科技团体称号——"金帆舞蹈团""金帆合唱团""金帆管乐团""金帆书画院""金鹏科技团天文分团""金鹏科技团地球与环境分团"。

### （二）史家七条小学奋发昂扬

史家七条小学传承 25 年义务打气精神，依托以"和谐"为生发点、"七奇启气"四个字为辐射轴的价值建构，把"和谐＋七巧"的建设理念具化为"再小的坚持也是力量""小操场也能养出精气神"等育人精神标杆，并逐渐彰显"小而精、精而巧、巧而灵"的发展特色。伴随学校教育品质的持续提升，片内学生大量回流，入学人数和班数逐年递增。如今，学校招生已经达到了年级饱和数，片内适龄新生和家长已经将史家七条小学作为就学的第一选择，招生片的学生回流率达到 100%。

### (三) 史家实验学校朝气蓬勃

史家实验学校以"和谐 + 生态"为建设理念,在战略规划中突出国际化、现代化特色,并着力贯通"依存、协同、改善、均衡"的管理生态链,校园内到处洋溢着生机勃勃、欣欣向荣的发展活力。学校着力构建的全课程体系,让学生在基础课程中准备自己,在自主课程中发现自己,在活动课程中提升自己,在研学课程中开拓自己。特别是一批综合实践课程脱颖而出,成为品牌教育的闪亮名片。学校以立体、多元、丰富的课程托举每一个学生的全面和谐成长,得到周边老百姓热捧,新生入学从 4 个班级扩充到 8 个班级,开足了班数,招足了班额。

史家小学分校和西总布小学的教师也因加盟史家而对未来充满无限希望,积极参与各项集团工作。两校学生在飞扬无界、成长无限的史家教育时空中充分地发挥禀赋、舒展个性、绽放生命。

第 **4** 章

"和谐共治"的
史家学理

# "教师领导型治理结构"的研究缘起

## 一、时代背景

改革是时代发展的必然要求。党中央提出了深化教育领域综合改革总体要求，将改革作为推进教育事业科学发展、努力办好人民满意的教育的重要手段。在这一时代背景下，作为优质资源校，史家小学在北京市、东城区的教育综合改革部署下承担了诸多改革任务。学校携手遂安伯小学、史家实验学校、史家七条小学、史家小学分校、西总布小学，组建了一个集"入盟入带一贯制"为一体、承载上万个家庭优质教育梦想的史家教育集团。

集团化办学客观上增大了办学难度。一是办学规模扩大后，固然可以带来办学条件的红利，但是也增加了内部组织结构的复杂性，使管理难度加大。二是每所学校的办学特色都是历史形成的，具有一定的稳定性，不同学校的办学理念、管理方式和校园文化需要较长时间才能融合，教职工也需要长期磨合才能形成共同的价值观和行为方式。三是学校规模扩大后，管理的刚性增强，学校管理者与教师、教师与学生之间的交往层级相应增加，如果不改善管理，教师就会因为应付较多的行政事务而难以对教学和学生给予必要的关心，就不能适应现代教育的个性化和人性化教学需要。

随着教育改革的全面推进和日益深化，我们发现教师在这场教育变革中扮演着非常重要的角色，如果没有教师的参与和行动，教育改革无法真正带来学校的改进和教育教学的实质变化。因此，我们必须从"教师如何才能达到改革的要求"转向关注"改革对于教师到底意味着什么"。集团办学带来学校组织架构的调整，教师会对自身在组织中所处的位置和身份产生新的判断。同时，随着教育综合改革的推进，要求其必须改变业已熟悉的教学观念和课堂行为。可以说，集团教师处于学校组织与课堂教学双重变革压力之下。

## 二、理论背景

对于教师在变革中的作用，福兰在《变革的力量》一书中提到"教师对待变革和从变革中学习的能力以及帮助学生从变革中学习，对社会未来的发展将是重要的。"但是，结合历史上数次教育变革的经验，学者们也对教师面对改革的复杂性和不确定性时所呈现出的"孤立主义"和"山头主义"表示担忧，教师不自觉地成为消极面对改革的一分子。

并不是所有学者对教师在变革中所承担的作用表示担忧，Katzenmeyer和 Moller（2009）指出"在每一所学校里，都有一群可以成为教师领导者的沉睡巨人，而这群人可以发展成为提升学生学习、推动改革的催化因子。如果能够善用这些学校变革代理人的巨大能量，我们的教育将能确保每一位学生都能在每一位高品质教师教导下，充分达成教育的理想"。[①]

长期以来人们对学校领导的理解都只是集中在校长等个别具有正式领导职位的管理者上面，而对于教师作为"沉睡的巨人"所起到的领导作用往往被忽视。20 世纪 80 年代以来，随着英美教育改革的兴起，"教师领导"作为一个研究领域逐渐被广大研究者广泛关注。

同样，在史家小学，在集团化办学背景下，教师在改革中承担着什么样的角色？教师现有的角色和功能是否需要转变？是否应促使其发挥领导作用推进改革的顺利进行？学校应采取何种措施促使教师领导的发生？这些都应成为我们深入思考的话题。

---

① Katzenmeyer, M., & Moller, G.（2009）. Awakening the sleeping giant：Helping teachers develop as leaders.（3rd. ed.）. Newbury Park, CA：Corwin Press.

# "教师领导型治理结构"的相关研究

## 一、教师领导的概念内涵

"教师领导"这一概念的内涵是随着时代的发展而不断变化的。传统意义上的教师领导仅仅发生在班级和教室内部，是指教师作为课堂教学的领导。现代意义上的教师领导强调教师作为专业人员的权利以及学习和发展的重要性，也突出了教师在学校内的民主管理作用。

Forster（1997）认为教师领导可以被广泛地界定为一种专业的承诺，以及影响教师采取联合作为，朝向教学改善和学校变革的历程，进而达成分享学校目标。[①] Harris（2003）认为无论教师是否占据领导职位，在本质上是指由教师实践的以授权和代理的形式在分布式理论的基础上进行的领导。[②] Katzenmeyer 与 Moller（2009）认为教师领导者的角色横跨教室内与教室外，参与并贡献自己之力于教师社群中，成为学习者也是领导者，影响同侪致力于改善教育现况，承担更多责任以达到领导的目标。Lieberman、Saxl 与 Miles（2006）认为教师领导并不是只关注教师个别的发展，其中心角色在于帮助同僚尝试新的概念，鼓励其承担领导的角色。[③] 卢乃桂、陈峥（2006）认为教师领导是"不论职位或任命，教师对领导的行使。它的本质特征是：提升教师的专业性，重新分配权力和增强同僚互动"[④]。并且，教师领导有两个方面的意义：一是领袖教师对其专业群体的引领，二是教师

---

① Forster, E. M. (1997). Teacher leadership: Professional right and responsibility. Action in Teacher Education, 19 (3), 82~94.

② Alma Harris. Teacher Leadership as Distributed Leadership: Heresy, Fantasy or Possibility? *School Leadership and Management*, 2003, 23, (3): 313~324.

③ Lieberman, A., Saxl, E. R., & Miles, M. B. (2006). Teacher leadership: Ideology and practice. In M. Fullan (Ed.), The Jossey-Bass reader on educational leadership (2nd ed.) (403~420). San Francisco: Jossey-Bass.

④ 卢乃桂、陈峥："作为教师领导的教改策略"，载《教育发展研究》2006 年第 17 期。

自主的专业发展。①

Jennifer York-Barr（2004）总结了教师领导的概念界定的几种形态。①从学校传统领导的视角界定。②从教师专业发展的视角限定。③从学校组织文化重建者的视角界定。④从教师自主促进学生发展的角度限定。⑤包含在学校领导的相关概念中。⑥从组织角度而不是个人行为角度理解教师领导。②

从以上学者对"教师领导"这一概念的界定中，我们可以发现，"教师领导"不是指某一具体的学校管理者，而实为一种校园权力的重新分配，是一种学校管理的变革。学者们提倡教师领导的重点不在于让教师去发号施令、任命、指导他人或者进行责任分配，而是让教师去推动和维持学校变革，勇于承担变革的责任，发挥自己对专业和同事的影响力，促进教学实践的改善。③

## 二、教师领导的理论基础

"教师领导"这一概念的出现，也体现了人们对"领导"这一概念认识的发展。教师领导建立的信念假设是领导力潜能广泛存在于组织成员之间。Bateman 与 Snell（2002）认为，长期以来，人们普遍认为学校高层领导权力运作的好坏影响着学校的效能，我们总期望学校组织中能出现一位能力挽狂澜的英雄领导。然而，今日的学校是个非常复杂、要求甚多的场域，希望一位伟大的"英雄式领导"能解决所有问题，其实是一种不太切合实际的妄想，有效的领导必须遍及整个组织。④所以最好的校长不是英雄，而是英雄制造者，因此在"后英雄时代"诸多新型领导理论得以出现，如"分布式领导""平行领导""参与式领导"等等，这些都可作为"教师领导"

① 卢乃桂、陈峥："赋权予教师：教师专业发展中的教师领导"，载《教师教育研究》2007年第4期。

② Jennifer York-Ban & Karen Duke. What do we know about teacher leadership：Finding from two decades of scholarship. *Review of education research*. 2004 fall vol. 74，No. 3：255~316.

③ 杜芳芳："教师领导力：学校变革的重要力量"，载《教师发展研究》2010年第18期。

④ T. S. Bateman & S. A. Snell 著，张进德、杨雪兰、朱正民译：《管理学》，美商麦格罗·希尔国际股份有限公司2002年版。

的理论基础。

Supovitz（2000）提到因为需要，校内领导越来越多是分散到许多人的身上，分享领导在校内意味着校长要建立教师们的教学能力，为教职员们协调领导机会，允许共同决策，并运用方法让教师团队可以施行分享领导。①

Crowther 等人（2002）更进一步指出平行领导是教师领导者与校长致力于集体行动，以建构学校能力的过程。平行领导是一种历程，让教师领导者与校长共同合作以改造学校，并且让个人的想法能被互相尊重与容忍，也让校长与教师在领导作为上有所分工。②

Somech（2005）综合学者论述，认为参与式领导即集体决策或至少由高层及基层来共享决策影响力、可提供许多益处、可增加决策品质、对教师工作品质有贡献及增进教师之动机与满足感。③ 参与式领导让教师感知到他们自身是变革或发展的一部分。

### 三、教师领导研究的三个层次

经对已有研究分析，围绕"教师领导"这个概念开展的相关研究涉及三个层次，分别是：个体层次，即领袖教师如何发挥领导作用；共同体层次，被称之为教师共同体、学习共同体、教师社群等；组织层次：学校组织对教师发挥领导作用提供某种组织支撑。

#### （一）领袖教师——教师领导的个体层次研究

学者们通常把教师领导概念中行使领导力的教师称之为"领袖教师"（teacher leader）。④

Silva（2000）提出，可以把领袖教师角色的演变分成三个浪潮。第一

---

① Supovitz, J. （2000）. Manage less, lead more （Electronic version）. Principal Leadership （Middle School Edition）, 1 （3）, 14～19.

② Crowther, F., Kaagan, S., Ferguson, M., & Hann, L. （2002）. Developing teacher leaders: How teacher leadership enhances school success. Thousand Oaks, CA: Corwin Press.

③ Somech, A. （2005）. Directive versus participative leadership: Two complementary approaches to managing school effectiveness. Educational Leadership Quarterly, 41 （5）, 777～800.

④ 张佳伟、卢乃桂："学校改进中的教师领导研究述评"，载《教育学报》2010 年第 3 期。

个浪潮是教师作为领导者的身份，主要扮演学校行政人员的角色，目的在于管理学校、关心组织的运作和效率。第二个浪潮是让优秀教师担当课程领导和职员发展的角色，这也是校本课程发展的要求。第三个浪潮认为教师是学校的中坚力量，教师的发展更多的是依靠学校校内的教师文化的促进。学校全体教师都需要成为领袖教师去创建新的学校文化，教育变革才能获得成功。

从领袖教师角色演变的三个阶段可以看出，领袖教师的权力来源在逐渐发生变化。教师不论其是否拥有行政职位，都将能够发挥教师领导的作用。领导作用与职位不具有必然联系。可以说，更多的教师领导以非正式的方式存在着。[①] 因此，教师领导可分为正式领导与非正式领导两种类型。陈铮、卢乃桂以国内的骨干教师为例，对正式与非正式教师领导的特点进行了研究。他们指出，正式的教师领导如我国的骨干教师制度体现出了等级制、精英化和工具性的特征；非正式领导主要有三种形态：同事间的专业知识分享、集体的良好氛围、教师的自我领导。[②] 曾艳（2012）指出，在中国，原本作为教学科研组织的学校教研组实际上常常成为学校的行政组织，应发挥领导教学科研功能的学科教研组长实际的工作常态往往是"上传下达"行政指令，实际上发挥辅助学校行政管理的功能。[③]

关于领袖教师的具体角色，哈里森（Harrison, C.）提出教师领导的十个角色，即资源提供者、教学专家、课程专家、课堂支持者、学习激励者、导师、学校领导者、资料教练、改革助推者、学习者。[④] 在西方国家，领袖教师由社会、个人、官方和学校多方共同孵化、评选产生，为领袖教师脱颖而出提供了大量机会。Hewitt-Gervais 在 1996 年发现了 182 个领袖教师的

① 杜芳芳："教师领导力：迈向研究日程"，载《外国教育研究》2010 年第 10 期。

② 陈峥、卢乃桂："正式与非正式的教师领导对教师专业发展的影响"，载《教师教育研究》2010 年第 1 期。

③ 曾艳："教师领导的三种发展思路及其认识论基础"，载《复旦教育论坛》2012 年第 3 期。

④ HARRIS A. Teacher leadership as distributed leadership：heresy, fantasy or possibility School Leadership and Management，2003（23）：313～324.

角色。[1] Harris（2002）分析了领袖教师在学校改进中的四个维度：①经纪人角色。领袖教师要帮助教师将学校改进的理论运用于班级课堂实践。经纪人角色还是全校层面和班级层面联系的纽带，并提升了教师发展的机会。②指导者角色。领袖教师给普通教师赋权，让他们感觉到所有教师都是学校变革和发展的一部分。领袖教师协助其他教师围绕某些特定的发展任务，形成合作的工作氛围。③调解者角色。领袖教师是重要的专业和信息来源。如果必要的话，他们可以利用资源和专家意见并且也可以寻求外部协助。④成员角色。这要求与普通教师形成亲密的关系，以促成学习共同体的建设。[2]

关于领袖教师的产生，卡曾迈耶和默勒提出了一个四步骤模型[3]：第一，教师审视他们自身的信念。他们需要在教育工作的场景中回答"我是谁？"的问题。了解自己之后就能够认识到同事与他们是不同的，成功的合作需要接受这些差异。第二，需要在学校场景中研究变革的过程。这一问题能够帮助教师思考整体学校以及如何在学校场景中开展变革。第三，教师形成影响力行为。学会领导小组、倾听、使用材料并认识到其他人的需要，对于想影响变革的教师领导者而言，这是一套强有力的技能。在领导力角色中回答"我如何领导？"的问题，为教师领导者提供了他们日常角色的策略和技能。第四，教师领导者设计学校场景的行动计划。如果期望教师在课堂和学校中应用新的技能和知识，"我能够做什么？"的问题是发展经验的必然组成部分。如图4.1所示。

Gonzales 和 Lambert（2001）提出领袖教师的成长过程包括：第一，进入新的角色进行感知。第二，在领导过程中获得信心。第三，提升自我认知、身份认同。第四，领导能力不断提升，再次获得信心。这几个过程是不断循环上升的，通过这几个发展阶段领袖教师才能充分地认同自身领导

---

① Hewitt-Gervais, C. M. Summery of evaluations: Leadership development for teachers. Tampa, FL: West Central Educational Leadership Network, 1996.

② Harris, A. School improvement: what's in it for schools? . London; New York: Routledge Falmer, 2002: 79.

③ Marilyn Katzenmeyer, Gayle Moller. Awakening the Sleeping Giant: Leadership Development for Teachers. Thousand Oaks, Calif. : Corwin Press. 2001. 32~33.

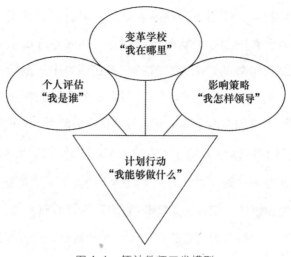

图 4.1　领袖教师开发模型

的角色。[①] 如图 4.2 所示。

图 4.2　领袖教师成长过程模型

关于领袖教师应具备的个人特质，即我们通常所说的"教师领导力"，Frost 归纳了领袖教师的四种个人能力，即个人权威、应掌握的知识（包括教学知识和组织知识）、良好的情境理解能力、掌握的一定的人际关系技巧。对于教师领导力的测量，建立在教师领导力概念界定的基础上。但由于教师领导力概念界定的模糊性，导致这一研究领域仍缺乏公认的、能够有效测量教师领导力水平的量表。[②] 国内学者金建生编制教师领导力问卷，

---

① Gonzales, S. & Lambert, L. Teacher Leader ship in Professional Development Schools: Emerging Conceptions, Identities, and Practices. Journal of School Leader ship, 2001, 11（1）：6~24.

② 龙君伟、陈盼："当前教师领导力研究的困境与出路"，载《华南师范大学学报（社会科学版）》2010 年第 4 期。

对教师领导力的现状、作用、影响因素进行了调查。胡继飞、古立新编制问卷，对广东省教师的领导力状况进行测量，其问卷维度主要分为三个层面：教师参与学校事务的影响力、教师个人在同事中的威信力、教师对自身教育教学工作的驾驭力。[①]总体而言，目前我国有关教师领导力研究显得较为匮乏，需要不断加强本土环境下的教师领导力测量工具的开发工作。

（二）教师共同体（社群）——教师领导的共同体层次研究

Murphy（2005）将教师领导的产生归纳为两大类发展策略，即角色为本和社群为本的教师领导。[②]角色为本即将教师置于行政岗位，或通过各级骨干评选，从外部赋予教师行政权威的方式实现教师赋权。这种模式的本质是依据工业模式，依附学校已有的科层结构让教师承担行政管理的功能。[③]

第二种发展策略，指改变学校作为科层制工业组织的隐喻，要求教育回归社群本质，提倡通过建立教师社群的方式来发展教师领导。这一设想被称为"社群为本"的教师领导。社群以共享的观念为联结之基础，社群中的领导权威也植根于共享观念。在社群中，教师通过合作与交流改进彼此的实践，共同解决学校面临的问题，由此推动学校社群不断发展。在这一过程中，教师是平等的个体，每一个教师都有可能在特定情境中，基于自己的专长而对他人发挥影响。因此，每一个教师都有可能成为领导者。[④]

Jackson（2009）指出在专业学习社群实施过程中，教师领导角色会变得更积极，且更投入于学校改革。教师专业学习社群与教师领导具有相互影响关系，倡导教师专业学习社群有助于教师领导的发展；而教师领导亦同样有助于教师专业社群的凝聚。[⑤]从赋予领导职位、划分骨干等级，到构建教师社群，教师领导的发展思路已经实现了一次质的飞跃。

① 胡继飞、古立新："我国教师领导力现状及其影响因素的调查研究——以广东省为例"，载《课程·教材·教法》2012年第5期。

② Murphy，J. Connecting Teacher Leadership and School Improvement. Thousand Oaks，CA：Corwin Press，2005.

③④ 曾艳："教师领导的三种发展思路及其认识论基础"，载《复旦教育论坛》2012年第3期。

⑤ Jackson，B. L.（2009）. The impact of a professional learning community initiative on the role of teacher-leaders. Unpublished doctoral dissertation，Boston College，Boston，MA.

劳尔和迪安（2004）在前人研究的基础上对教师专业学习共同体进行了理论架构，主要从分享目标感和关注学生、分享的决策、协作活动和去个体化实践、教职员支持与合作四个维度建构教师专业学习共同体。宋萑（2007）将这一分析框架进行了本土化开发，编制了教师专业学习共同体的测量问卷和访谈提纲，并对四所学习进行了实证研究和田野观察，较好地呈现了中国教育情境下的教师专业学习共同体的发展状态。[①]

（三）组织支持——教师领导的组织层次研究

Katzen-meyer 与 Moller 指出影响教师领导的七个因素，并认为积极的支持性气候是教师领导的关键。这七个因素是：①发展的关键点：行政人员、教师相互学习和支持的学习团队建设。②自我认知：教师们能够彼此感受到相互信任、多边尊重的氛围。③自主：鼓励和创新改革，具有专业自主权。④合作：在教学和其他问题的解决和互动中采用合作的方式。⑤参与决策：广泛吸收优秀教师参与学习决策。⑥公开畅通的交流：坦诚地交换意见，教师没有感觉到来自校长的直接压力。⑦积极的文化环境：积极有效的行政文化环境和团队协作环境是教师领导的外部动力。[②] 从这七个因素我们可以发现，影响教师领导发生很大程度上来自于学校组织的层次。

**1. 组织文化**

Murphy 在前人研究的基础上总结了教师领导力的阻碍因素和促进因素：等级森严的官僚式的学校组织结构、保守的学校组织文化以及教师之间相互孤立的工作性质。[③] 钟晨音（2011）认为不利于教师领导的组织文化表现为：①沉默的组织文化。在威权管理下，学校重大的决策似乎和教师无关。即使有教师出席学校管理会议，也不敢在会议上提出与领导者相左的意见，更多的教师为了安全而选择了沉默。②孤立的教学文化。教师大多一个人面对问题，很少与其他同事讨论教学工作。加上现行的教师评价制度过于倡导竞争，为了在竞争中获胜，教师之间在业务上相互封锁。③平庸保守

---

① 宋萑：《教师专业共同体研究》，北京师范大学出版社 2012 年版。

② 金建生："英美澳加教师领导研究进展述要"，载《比较教育研究》2008 年第 8 期。

③ 龙君伟、陈盼："当前教师领导力研究的困境与出路"，载《华南师范大学学报（社会科学版）》2010 年第 4 期。

的组织文化，谦虚、低调。教师不希望自己"与众不同"，与大家保持步调一致似乎成为校园中教师生存的"经典法则"。[①] 诸多的研究表明，民主、信任、合作、分享等特征是培育和发展教师领导的重要组织文化要素。

### 2. 制度结构

很多研究都发现等级化的科层组织结构是阻碍教师领导实践的重要因素。具体表现为：不能为教师提供充足的时间用于计划、观课、评估、合作等教师领导活动；缺乏变通的策略和措施去促进教师合作；学校内部为加强教师交流的结构，如教师团队，按年级划分的教学组织反而导致全校范围教师之间交流的障碍；学校正式的领导结构导致普通教师在参与学校决策时，只是行使象征性的决策权，空有教师领导之名却无领导之实。[②]

### 3. 校长领导风格

威权式校长领导角色与传统领导方式，并不利于教师领导的发展，许多学者（林思伶、蔡进雄，2005；Murphy，2005；Sergiovan-ni，2002）倡导校长必须转化如管理者或资源分配者等旧领导角色，成为发展者与社群建立者，以民主参与及分享的领导风格，促进教师领导者的产生与发展。Whitaker（1995）提出校长应识别关键的教师领导者，让他们参与决策过程，并在学校变革的过程中以一种非正式的方式使用他们。低效的校长往往不能够识别出非正式的教师领导者。[③]

### 4. 支持系统

为使教师领导者工作顺利，学校必须存有足够的支持系统，如校长支持作为（Westbrook，2001）、正式与非正式的奖励（Murphy，2005），提供足够的人力、物力、时间与物力资源（Katzenmeyer & Moller，2009），以及有效培训教师领导者、明定教师领导者的角色和职权。

### 5. 外部环境

陈峥（2010）指出，在中国内地，教师领导面临三大障碍：行政权力

---

① 钟晨音、徐长江："教师领导的理念及其实现"，载《教师教育研究》2011年第3期。

② 曾艳、卢乃桂："教师领导如何发生？近十年'教师领导'研究述评"，载《教育科学》2012年第1期。

③ Whitaker, T. Informal Teacher Leadership-The Key to Successful Change in Middle Level School. NASSP Bul-letin, 1995, (January)：76～81.

对教师自主与选择的压抑；应试教育对教师领导多方面的破坏；行政对骨干教师各方面的支持不足。与此相应，发展教师领导需要三个基本条件：一是权力下放和市场介入，二是重建教师发展的专业价值，三是学校领导给予领袖教师更多的支持。[①]

综上，通过对文献的研究与探讨，我们可以发现国外有关教师领导力的研究已经日益系统化，在各个方面取得了丰富的研究成果，为我们将之运用到中国教育实践中提供了坚实的理论基础。国内有关教师领导的研究多为理论探讨，实证研究相对缺乏。并且，在教育综合改革起步阶段，对于在《中共中央关于全面深化改革若干重大问题的决定》中提出的"试行学区制""完善学校内部治理结构"这一改革背景下，以及集团化办学实践中，如何推行"教师领导"的相关研究还较为少见。

## "教师领导型治理结构"的分析框架

根据对已有研究分析，本研究认为，"教师领导型治理结构"就是要充分发挥教师在学校中的主体作用，其核心要义是通过治理结构的调整实现权力关系的重构，主体路径是构建教师专业共同体，显著标志为"领袖教师"的不断涌现。"教师共同体"是一种培育"领袖教师"的组织生态，"领袖教师"是构建新的"教师共同体"的主导力量。同时，学校应不断调整内部治理结构，通过组织文化、制度设计，在赋权增能的过程中，消除"教师领导"的相关障碍。如图 4.3 所示。

本分析框架中的相关概念界定如下。

### 一、领袖教师

如前文所述，学者们通常把教师领导概念中行使领导力的教师称之为"领袖教师"，本研究将之界定为在"教师专业共同体"中实施正式或非正

---

① 陈峥、卢乃桂："中国内地教师领导的障碍与条件"，载《复旦教育论坛》2010 年第 3 期。

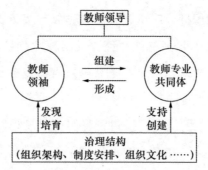

图 4.3 "教师领导型治理结构"分析框架

式领导的教师。领袖教师更多的是一种专业身份，能够以自身的专业优势引领周边教师共同成长。史家教育集团内部的各级骨干教师、中层领导以及在某一领域有着较高专业影响的教师都可以被视为"领袖教师"。

## 二、教师专业共同体

共同体是指在一定的物质空间和地理区域内，具有共同特质、归属感、使命感的社会群体。台湾学者吴百禄（2004）提出，教师专业学习共同体系指教师透过彼此平等对话及分享讨论的学习方式，以提升专业知能，强调的是教师间平等的对话、支持合作及分享讨论。[①] 劳尔和迪安（2004）从分享目标感和关注学生、分享的决策、协作活动和去个体化实践、教职员支持与合作四个维度建构教师专业学习共同体分析框架。在这一概念视域下，史家教育集团的教师群体在"相同的舞台 共同的未来"这一共同愿景下进行知识共享、优势互补，形成一个崭新的有机整体。可以说，史家教育集团的教师群体也可以视为一个教师专业共同体。同样，各个校区、校区内部的每一个正式的学科组织或者非正式组织都可以按照教师专业共同体的概念进行共同体的构建。

本研究在宋萑（2007）构建的分析框架的基础上，将其对教师专业共同体研究划分的两个分析层面（共同体层面、个体分析层面）增至三个分析层面：领袖教师个体层、共同体层面、组织层面，如图 4.4 所示。

需要说明的是，现有研究中与"教师专业共同体"相近的概念很多，

---

① 吴百禄："教师领导：理念、实施与启示"，载《国民学报》2009 年第 23 期。

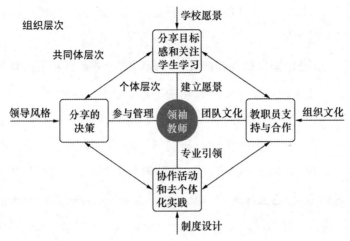

图 4.4 "教师专业共同体"分析框架

如"教师社群""教师学习共同体""学习型组织",由于具有相同的特点,在概念上我们都可以视之为"教师专业共同体"。

### 三、治理结构

在教育综合改革的时代背景下,从十八大报告及相关政策文件中,"教育治理"成为当前重要的政策话语。在学校办学过程中,从"管理"走向"治理",是一种重大的理论创新和路径创新。治理的典型特征是多元主体参与的共同治理,这种强调教师主体作用的制度安排与"教师领导"在背后逻辑上是一致的。

## "教师领导型治理结构"的实践探索

### 一、从"管理"走向"治理"——权力关系的重构

"管理"强调自上而下的垂直安排,而"治理"注重扁平化,强调多元主体的参与。从"管理"走向"治理"的核心是"权力流散",即打破某一权力主体对权力的垄断,将权力分解给不同的主体,强调权力结构的多元化。

为此，针对集团办学的现状，我们重新调整了学校的权责设置、管理层级和质量控制规则，初步确立了"条块并举、纵横贯通、统分结合"的治理方略。"条块并举"指各集团校长不仅需对分管条脉负第一责任，而且需要在服务中引领各自校区管理板块的发展，内化集团标准，外化集团品质；"纵横贯通"指各集团校长牵头的纵向管理层级在年级层面打破条块分割，实现横向协同，即各集团校长分别下沉到一个集团年级组，深入服务一线工作；"统分结合"指集团在全局布划方面有"统"率力，各校区"分"别保留教育特色及其执行的灵活性，为各项工作的共治、久治和善治提供保障。随着这种治理方略的确立，学校的权力关系正在逐渐发生变化，管理的重心得以不断下移，为教师领导的发生确立了组织基础。

2017 年 1 月，集团探索实施理事会领导下的校长负责制，即成立集团理事会，通过政府、学校、社会组织、专业机构、教师、家长等利益相关者的共同治理实现集团善治。理事会作为集团改革与创新的决策、参谋、咨询、协调和监督机构，倡导多方协作和共同参与，强化民主决策和社会监督，不断推进现代学校制度建设。史家教育集团理事会由理事长 1 人、副理事长 8 人、理事 10 人组成。理事会全体理事表决通过了《史家教育集团理事会章程》。史家教育集团理事会下设管理服务委员会、学生发展委员会、督导评价委员会。其中，管理服务委员会下设安全守护部。

## 二、从"教师群体"走向"教师共同体"——教师共同体的构建

对于教师群体的建设存在两种思路，一是按照行政组织的逻辑，强调自上而下的等级制，将教师置于行政岗位，或评选各级骨干教师；二是按照专业共同体的逻辑，强调共享的价值观与组织文化，将教师视为平等的个体，每一个教师都有可能在特定情境中基于自己的专长而对他人发挥影响。在史家教育集团的教师发展中，我们倡导学校"从行政组织到共同体的转变"，倡导教师群体走向"教师共同体"。

教师共同体的首要任务是共享价值观的构建。这个共享的价值观与行为准则使得学校教师可称之为"教师共同体"，而区别于"一群教师"。在史家教育集团，我们既注重学校发展的历史性，又强调区域发展的现实性，

以"和而不同、共同发展"即"和谐 +"为集团理念,以"种子计划"为集团战略,从而实现"相同的舞台 共同的未来"的发展愿景。在史家和谐教育理念与"种子计划"的价值统摄下,全体史家人达成"给成长无限可能"的教育共识,即教育应还原孩子成长的空间,让教育回归孩子的现实生活,使孩子在"长"的过程中达到"成"的目标,体验生命成长中的健康快乐。我们将一位位学生视为一颗颗种子,让教育为他们注入良好的成长基因,使他们尽可能丰满,尽可能充满活力,从而拓展生命的无限可能。

共享的价值观为教师共同体的构建奠定价值与文化基础。但这并不意味着教师共同体中只是强调一致性,相反,共同体成员间的教学经验、专业水平的差异性才构成了教师共同成长的动力源泉。研究表明,在强调教师专业自主的今天,教师间的"差异互动"往往比"消极的一致"具有更大价值。因此在史家教育集团教师共同体的构建过程中,我们采取了"同质化共进、异质化成长"的发展策略,不断丰富教师共同体的成员结构,促使老师们在改革的驱动下,基于问题进行聚合,基于实践进行成长。

例如,史家教育集团校本研修的主要载体是各个名师工作室和骨干教师工作坊。各个工作室和工作坊均由特级或市级骨干、学科专家、区教研员、青年教师四部分组成。相对于教研组,这种研修方式打破了传统的注重自上而下的教学规范传递的教研形式,而是促使教师在平等、开放、包容中进行理解、对话、碰撞、反思,在差异互动中实现共同成长。

针对具体的工作项目,学校还组建基于项目的"教师共同体",例如在学校国博课程开发过程中,学校组建 15 个由文物专家、国博讲解部老师、各学科教师、行政干部组成的课程研发共同体。在倡导课程整合的今天,这种跨越学科边界、整合多方力量的专业共同体,为学生创设无边界的成长空间。

### 三、从"行政控制"走向"学术领导"——教师领袖的培育

领袖教师不论其是否拥有行政职位,都将能够发挥教师领导的作用。在史家,我们视各级骨干教师以及在某一领域有着较高专业影响的教师为

"领袖教师"。领袖教师更多的是一种专业身份，能够以自身的专业优势引领周边教师组建教师共同体，实现共同成长。

在日常教育教学中，我们依托 20 多个名师工作室和骨干工作坊，强化教师领袖的专业影响力与学术领导力，促使其带动教师共同体在研修融合中定方向、定标准、定重点，有效推动了"行政权力与学术权力的相对分离"。一是赋予教师专业发展空间。学校为之搭建各级各类专业成长的舞台，创设会议、刊物、著作等学术发表平台，不断扩大其专业影响力。二是赋予教师专业自主权。各工作室和工作坊的领袖教师拥有自主安排研修计划、自主组建研修团队、自主决定研修内容、自主进行成果展示的权力。三是赋予教师专业决策权。充分尊重教师的专业判断能力，对有关教师发展、课程建设、学业评价等方面的专业事务由教师进行专业决策、自主管理，避免行政权力包办。

为促使领袖教师的不断涌现，学校成立教师职业成长基地——史家学院，聘请校内领袖教师为专业导师，促使其在培训他人过程中实现自我的再成长。学校还与北京师范大学展开合作，进行"教师领袖群"培养项目，培养"未来领导者""专家教师""史家教育家工程"等不同层级的教师领袖，通过 180 位教师的脱产培训与校内师徒配对，让教师领袖的学术能量扩展至整个集团，进而促成全体教师"互为领袖、互相追随"的职业发展格局和专业成长态势。

# 第5章

# "和谐共治"的
# 史家规章

集团办学给学校管理带来诸多挑战。作为集团龙头校，史家小学以集团理事会章程、学校章程、各部门职责修订为契机，进一步完善章程统领下的现代学校制度建设，进行管理体制重构，确保各项工作科学、有效的运转。

## 集团理事会章程

史家教育集团是在义务教育综合改革中应运而生的教育公平命运共同体。自成立以来，集团秉持"和谐＋"的建设理念，基于价值、战略、运行、机制、师资的层递式同构、一体化群动，在围绕教师领导型治理结构的制度创新中持续促进集团建设、教师发展、学生成长。为进一步规范集团管理，探索多元主体参与的现代教育治理模式，制定集团理事会章程如下。

### 第一章 总 则

**第一条** 为加强史家教育集团规范化管理，全面贯彻党的教育方针，推进现代学校制度建设，强化民主决策和社会监督，努力办好人民满意的教育，在东城区教工委、教委的直接领导下，集团依据《中华人民共和国教育法》及其他相关教育法律、法规，结合办学实际，特成立史家教育集团理事会（以下简称理事会），制定本章程。

**第二条** 理事会成立的核心指向是通过政府、学校、社会组织、专业机构、教师、家长等利益相关者的共同治理实现集团善治。史家教育集团理事会是集团内成员、家长以及集团所在社区等多方协作、共同参与和推动集团改革与创新的决策、参谋、咨询、协调和监督机构。

**第三条** 理事会的宗旨是抓住学校集团化发展机遇，通过"统分有据，条块共生"的内部治理结构改革与创新，推动形成"多元群动，和谐共治"的集团"命运共同体"。在一切为了孩子、重视教师领导、多元主体参与、充满创新活力的集团运行中，实现史家和谐教育的品牌拓展和各校区共享，努力办好人民满意的教育。

**第四条** 史家教育集团实行理事会领导下的校长负责制。理事会是集团决策和审议的专业机构，涉及集团改革与发展的重大事项均经由理事会依法决策。在东城区教工委、教委领导下，理事会对各校区行政班子成员的产生、集团发展规划、年度工作计划、重大改革项目、基本建设等重大事项均有决策权。

**第五条** 史家教育集团包括史家小学、史家七条小学、史家实验学校、遂安伯小学、史家小学分校和西总布小学。史家实验学校同属史家教育集团与北京二中教育集团。史家教育集团下设六大中心，分别为战略发展中心、行政服务中心、学生发展中心、教师发展中心、品牌发展中心和督导评价中心。

**第六条** 理事会办公地点设在北京市东城区朝阳门内北小街南弓匠营胡同2号（史家小学中高年级校区）。

## 第二章 组织机构

**第七条** 理事会理事主要由史家教育集团干部教师代表、家长代表以及关心教育的社会人士代表等组成。理事会成员基本任职条件：

（一）拥护中国共产党的领导，热爱社会主义祖国；

（二）热爱基础教育事业，熟悉基础教育规律，从事基础教育教学或研究的相关工作，有较强的教育教学及研究能力；

（三）认同集团办学理念，有较强的领导、管理、决策能力和组织协调能力，工作实绩突出，工作思路清晰，开拓创新意识强，能为集团发展的重大事项出谋划策；

（四）能按要求履行理事的权利和义务，积极协助理事长及其他理事开展工作，全局观念强，有服务意识和奉献精神；

（五）对待集团工作求真务实，作风民主，为人正派，廉洁自律。

　　**第八条**　理事人数为 19 人。设理事长 1 人,副理事长 8 人。理事长由东城区教工委、教委任命;副理事长由理事长提名,全体理事会议通过协商产生;集团教师代表由教师共同体推荐;家长代表由家长委员会推荐;其余人员由集团管理委员会推荐。理事会推荐名单需报送东城区教委备案。理事因工作变动等原因,由理事所在单位提出建议名单,经理事会议通过后可作相应调整。理事任期三年,原则上连任不超过三届。

　　**第九条**　理事会下设秘书处和集团办公室,秘书处设秘书长 1 人,集团办公室设办公室主任 1 人。秘书处和集团办公室是集团管理的常设执行机构。秘书处的主要职责包括:推进理事会决策的磋商进程,确保理事会磋商程序的合法性、代表性及可信度;监督理事会决策的实施,定期对各委员会工作及各类活动的影响进行评价,出具评价报告并报理事会审议;承担理事会交办的文件、文稿起草工作,为各委员会参与集团管理提供基础支撑和技术支持。集团办公室的主要职责包括:负责集团内各类信息的上传下达,保障集团内信息沟通与反馈的畅通无阻;与集团各部门密切联动,做好集团内会议的安排准备工作;负责集团来往电话、函件、来访接待工作;负责对外宣传和联络,与相关单位和个人开展交流活动;负责协调和解决集团临时性的工作任务。

　　**第十条**　理事会下设三个常务委员会:管理服务委员会、学生发展委员会和督导评价委员会。如有需要,可按规范流程组建临时或专门委员会。各委员会设主任 1 人。管理委员会主任由理事长兼任,其他委员会主任由理事长提名,理事会会议通过协商产生。主任任期三年,原则上连任不超过三届。委员会主任有责任将该委员会的情况向理事会报告、备案并提出建议。各委员会可单独召开会议,会议决策报理事会审议后,方可执行。

　　委员会是集团的咨询议事、决策执行和监督评价机构,是多元主体参与集团治理的组织形式。管理服务委员会包括集团战略发展中心、行政服务中心、人力资源办公室和财务办公室,是集团发展的"决策智囊"与"支持中枢",主要负责集团战略规划的编制与管理、集团组织机构的设立与调整、人力资源管理、财务管理和其他综合管理与服务;学生发展委员会包括集团学生发展中心、教师发展中心、品牌发展中心和专家支持,是集团高品质"教与学"得以实现的核心部门,主要负责集团学生成长、教师发展、品牌项目及其他综合职能;督导评价委员会包括集团督导评价中心、教代会、家长委员会和社会参与,主要负责研究制定督导评价工作的内容、标准、机制、执行方案与反馈程序,明确各类督导的参与人员与协作机制,建立科学长效的督导评价体系,形成有集团特色的督导评价制度和切实可行的督导方案。

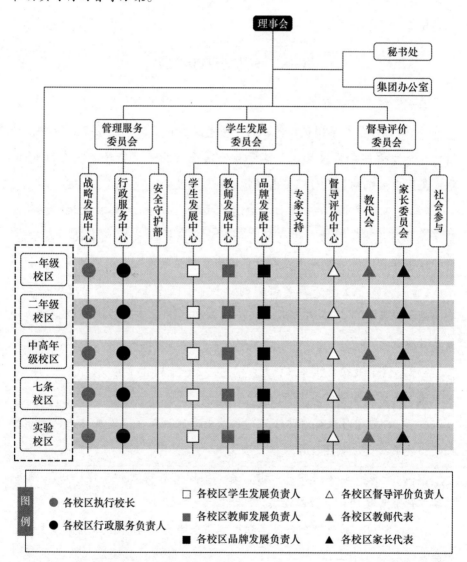

**第十一条** 理事会管理下的准入退出制度。有意向加入史家教育集团的成员单位须提出书面申请,经集团理事会研究同意,报经教育行政部门

审核、东城区政府批准备案后颁发教育集团成员铜牌、证书。集团实行定期考核评价制度，凡达不到考核标准的成员校将由集团理事会研究，责令整改，逾期仍不达标的终止其成员身份；对于单方原因提出退出的，经理事会研究决定，集团相关专业委员会对其履行的义务、承担的任务进行终止。凡退出的教育集团成员单位，将收回相应的证书、铜牌，并在相关媒体进行发布。对于退出后仍以集团名义进行宣传、开展工作的，将追究其法律责任。

## 第三章　理事的权利和义务

**第十二条　理事的权利**

（一）行使参与集团建设的权利。对有关集团重大问题决策、重要干部任免、重大项目投资决策、大额资金使用进行指导、监督、咨询和审议；审议集团内部机构，参与制定内部管理制度。

（二）享有理事会的选举权、被选举权及表决权。对各校区执行校长及集团委员会成员的选聘、任免享有选举权、被选举权及表决权；对罢免、增补理事享有选举权及表决权；对集团成员单位的准入及退出享有表决权。

（三）对理事会及下属各部门的权利。对理事会下属的管理服务委员会、学生发展委员会和督导评价委员会的工作有权进行检查、监督，提出意见或建议。

（四）理事会授予的其他权利。

**第十三条　理事的义务**

（一）自觉学习教育法律法规，熟悉教育理论及教育发展热点问题，熟知集团发展历史、集团使命及建设理念。

（二）积极参加集团各类活动，关心集团发展规划和工作计划的实施，了解其他教育集团发展最新动态。

（三）定期参加理事会会议，积极参与理事会及委员会的决策，支持理事会及委员会各项工作。

（四）认真履行理事职责，发挥自身优势，协助理事会及委员会工作，主动承担任务，但不越权向集团成员提特别要求。

（五）承担东城区教工委、教委给予理事会的职责。

（六）广泛收集社区群众及社会公众对集团工作的意见和建议，并如实向理事会反映；通过多种形式和途径宣传集团，扩大集团的影响；帮助协调集团与社会各方面的关系。

（七）理事会成员不能为个人谋私利，不能收受报酬；在利益自涉时主动告知理事会并回避相关决策；遵守保密原则。

## 第四章　理事会的议事规则

**第十四条**　理事会会议分为理事长会议和理事会议，理事长会议由理事长和副理事长出席，理事会议由全体理事参加。理事长会议负责向理事会提出集团"三重一大"事项的立项，理事会议负责讨论集团"三重一大"事项并决策。理事会会议由理事长主持，理事长因故无法出席会议的可以书面形式委托副理事长主持。

**第十五条**　理事会议安排：定期召开理事会会议，理事长会议每月不少于两次，理事会议每月不少于一次，每次会议需由三分之二以上的理事出席方可召开。在有必要的情况下，经理事长同意或三分之一以上理事提议，可以临时召开理事会会议，各理事同等享有表决权。

**第十六条**　理事会会议事规则：理事应亲自出席理事会会议，因故无法出席会议的可以书面形式委托其他理事代为行使表决权，或直接向秘书处提交本人签署的书面意见及表决意向，否则视为弃权。为确保对集团重大问题的正确判断，理事会召开前一周必须由理事长拟出议事内容，秘书处书面通知全体理事。

**第十七条**　理事会对集团重大事宜所作的决策，须经三分之二以上理事现场或委托表决通过。

**第十八条**　秘书处应对所议事项做会议记录并形成会议纪要或理事会决议，参与投票的理事均应签字确认。出席会议的理事由本人签字确认，参与投票但未出席的理事由代行使表决权的理事或秘书处代签字确认。

# 第五章　附　则

**第十九条**　本章程未尽事宜按照法律法规及上级文件政策执行。如有抵触，以法律法规及上级文件政策为准。

**第二十条**　本章程由史家教育集团第一届理事会全体理事表决通过，并报东城区教工委、教委批准。

**第二十一条**　集团理事会负责解释本章程条款、组织制定本章程实施细则、监督本章程的执行情况、提出本章程的修订动议并起草修订案。

**第二十二条**　本章程自批准之日起执行。

# 集团各部门职责

在集团理事会的统筹管理下，集团明确了三大委员会、六大中心、八个部门的核心职责，具体如下。

## 三大委员会职责

### 一、管理服务委员会的主要职责

（一）集团决策与战略规划的编制、管理。制订集团远景发展目标、中长期发展战略规划，经理事会批准后组织实施；跟踪检查规章制度的贯彻执行情况，提出修改、补充意见，逐步完善。

（二）集团组织机构的设立与调整。根据集团战略规划，拟订集团组织结构设置方案；组织制定、落实各校区职责，并与督导评价中心配合，统筹职责履行情况的检查与考核工作；根据集团发展需要，适时提出集团组织结构调整方案。

（三）人力资源管理。负责执行东城区教委关于集团教职工聘用政策和新入职教师培训政策，组织教职工签订劳动合同；与督导评价中心配合，统筹管理集团教职工的调配、考核和职称评定等工作；负责集团教职工工资晋升、绩效工资和社会保险的核算工作；负责集团教职工离、退休人员的人事档案管理和立卷归档工作等。

（四）财务管理。贯彻并执行国家各项财政政策，根据集团需要，参与制定本集团财务管理制度及相应的实施细则；组织编制集团日常年度财政预算和决算，实时掌握预算执行情况，编制月、季、年度财务情况说明并定期汇报；负责教育事业专项资金管理，监督专项资金专款专用和及时使用，接受教育主管部门及相关部门的绩效考评和监督管理；负责集团教职工工资晋升、绩效工资发放工作、社会保险的审核工作及学生代收性收费工作；集团财务资料的立卷、归档及销毁工作等。

（五）综合管理与服务。负责集团内各类信息的上传下达，保障集团内信息沟通与反馈的畅通无阻；与理事会、学生发展委员会和督导评价委员会密切联系，关注集团重要项目和活动的实施情况，为集团的正常运行协调人员、技术、资金等各种资源，涉及各个部门合作的情况，做好部门协调工作；负责集团信息化建设工作；负责协调和解决集团临时性的工作任务。

**二、学生发展委员会的主要职责**

（一）实现学生更好地成长。"为了孩子健康快乐成长"是史家教育的价值基础。立足学生成长开展德育工作管理，整体性落实立德树人任务；创新课程形态，创造无边界课程时空，培育学生发展核心素养；探索具有集团共性、校区个性、学科属性的教育教学模式；综合运用基础性评价、过程性评价和展示性评价，构建学生发展的科学评价模式。

（二）实现教师更好地发展。教师领导型治理结构是史家教育集团持续发展的重要依托。为领袖教师赋权，为全体教师增能，在集团中全面创生基于专业影响、学术启导、文化引领的教师发展生态；依托"史家学院"和"伙伴培训"等研修平台，推进基于真实育人情境的教师专业成长；负责发布、交流与推广集团教育教学科研领域的先进经验及重要成果。

（三）依托品牌项目促进师生共同发展。品牌项目是史家集团教育品质的显性指标。负责集团全学科综合实践10%教学任务的实施；基于各校区具有集团共性、校区个性和学科属性的课程项目，完善品牌项目框架并推广经验；通过跨校区、跨学段、跨学科的联动育人、综合实践，创新拓展史家教育品牌。

（四）三位一体式构建学生发展中心、教师发展中心和品牌发展中心。以促进学生发展为主脉，贯连领袖教师群和品牌项目群建设；在教师发展和品牌建设中，不断创生适合学生无边界成长的优质教育生态。

### 三、督导评价委员会的主要职责

（一）确定督导评价工作内容。对集团发展理念和战略规划落实情况、五大机制运行情况、教育教学标准执行情况、校区日常运行情况、重大项目和特色活动开展情况、干部和专任教师履职情况进行周期性、节点式、专项化督导。

（二）制定督导评价工作标准。针对督导评价内容，制定符合不同内容的督导评价标准；对标准的适切性、执行度和提升集团教学品质的有效性等方面进行客观评价，并不断完善改进；制定各类督导评价报告模板和数据采集模板，推进督导工作常规化、标准化、信息化。

（三）明确督导评价工作机制。积极吸纳教师、家长、社会参与等各方力量加入督导评价委员会，扩大集团督导评价委员会的执行力和影响力；加强管理督导评价委员会内部建设，制定委员会内部活动准则，开展内部成员的管理和监督工作；通过各部门工作报告、各校区走访调研、重点项目跟踪记录、关键人物访谈、述职报告、干部教师和学生抽样调查等多种数据资料收集方式对集团各项工作和干部、教师进行督导评价。

（四）分析并反馈督导评价结果。向理事会出具集团发展理念在本轮战略规划中的落实程度及战略规划中各项工作的问题不足、主要经验和后续建议的督导评价报告；针对集团五大机制运行实效及改进方向的督导评价报告；针对集团各校区标准内化和品质外化的过程与效果的督导评价报告；基于干部评价和教师评价的集团组织架构和人事安排的咨询建议。

## 六大中心职责

### 一、战略发展中心职责

（一）从事集团发展、校区发展、学科发展、教师发展、学生发展的战略、规划、政策、规章和标准等综合性研究，提出集团中长期发展规划建议。

（二）分析宏观形势，研究发展动态，对集团组织架构、人员结构、课程层构的调整方向，以及重要项目的遴选、创新项目的推进等各类工作提供政策性建议，并草拟文件备教师、干部、工会审阅批准。

（三）研究国内外教育的新趋势、新情况、新政策，为集团提供具备国际视野的参考资料和发展建议。

（四）与督导评价中心密切联动，对重大政策方案及实施效果进行评估，并开展集团化办学方针政策解读工作，梳理、总结、推介集团发展成果与经验。

**二、学生发展中心职责**

（一）整体性落实立德树人任务，依托"种子计划"着力提升学生的社会责任感、创新精神和实践能力，着力培养具有世界眼光、中国情怀、史家特质的"和谐的人"。

（二）秉持"给成长无限可能"的课程理念，不断创新课程形态，持续丰富教育供给，致力于在无边界课程时空中让每一个学生丰厚核心素养，成为"独立思想者、终身学习者、世界参与者"。

（三）探索具有集团共性、校区个性、学科属性的学生学习模式，多途径打造高效课堂，多层面落实学生减负，在飞扬无界、成长无限的生命自主体验中增进学生的专注与绽放。

（四）综合运用基础性评价、过程性评价和展示性评价，特别是基于"学生学业成长树（24点）标准"和"学生学习表现 AB 评价模式"的联动判断操作体系，努力构建学生发展的科学评价模式。

基于核心职责的常规管理和重点工作内容：

（一）完成制定《史家教育集团课程管理组织机构设置方案》《史家教育集团课程管理部门职责汇编》《史家教育集团课程管理重要流程汇编》《史家教育集团课程管理重要制度汇编》工作。

（二）基于《学科落实与推进无边界课程方案》以及每学期的研讨课（标杆课）深入探究具有综合性、开放性、系统性、民族性特点的学生学习方式变革；基于教师教案向学案的转变、学生被动学习向主动学习的转变，深度研究课堂模式的变化。

（三）依托《"种子计划"实问实答手册》，在具体育人环节上抓准、抓实、抓牢各学科发展的质量、融合、减负要求。

## 三、教师发展中心职责

（一）构建多元群动的教师队伍，特别是为每一位教师的专业发展提供可能，满足集团优质均衡发展的需要，最终促进学生全面和谐发展与健康快乐成长。

（二）明确教师队伍建设目标，建立教师专业发展标准，形成教师培训研修机制，构建教师专业培训课程，研制教师发展评价体系，不断融合并提升全学科教师的教育增力，让各校区教师在事业推进中共同分享发展的幸福。

（三）在提升专业品质、职业价值、事业成就的工作向度上持续激发全体教师的改革内动力，让无边界育人理念真正地走进班级、融入课堂，并外化为日常的教育教学行为。

（四）拓展教师研修场域，丰富教师发展载体，与校外培训机构广泛合作，创生促进教师综合发展、特色发展、主动发展与持续发展的全要素课程、多结构资源。

## 四、品牌发展中心职责

（一）立足集团无边界育人理念，全面培育学生发展核心素养，与各中心携手完善史家特色的无边界课程体系。

（二）以项目方式推进综合实践课的创新与发展，努力推动集团课程跨校区、跨学段、跨学科实践，深度支撑"种子计划"战略在集团育人中的整体推进和系统实施。

（三）在集团育人项目品牌理念、品牌机制、品牌行为和品牌形象的整体锻造中，综合提升全学科教师的课程领导力、建构力和实施力，全面增长项目发展的品牌内生力。

（四）构建科学的品牌项目发展体系，形成各项目互相带动、各品牌互为支撑的联动推进态势，在集团共性、校区个性、学科属性凸显中实现品牌项目群的多向拓展。

### 五、行政服务中心职责

（一）负责组织好集团各部门、各校区的任务布置、协调、反馈，以"便民、高效、公开、规范"的部门工作，助力集团化办学的顺畅运行。

（二）负责教务常规、上传下达等日常工作，协调、解决集团各校区教师和家长的需求与问题。

（三）推进集团信息化建设，负责电教网络、数字校园等方面的技术性服务工作。

（四）提供综合服务，负责政府采购、基础建设、固定资产、校园安全等方面工作。

（五）开展新闻宣传，及时准确全面地反映集团化办学成果，扩大史家教育的社会影响。

### 六、督导评价中心职责

（一）全面推进集团教育综合改革，提高集团办学水平和教育质量，达到教育均衡。

（二）督促各校区贯彻执行集团发展战略，落实集团办学理念、办学方向、办学目标，促进集团一体化形成，实现教育优质发展。

（三）按照集团的部署和要求，履行督促、检查、评估、指导的工作职责，开展好集团教育督导工作。

（四）实施集团教育设想，促进教师发展，促进课程发展，强化管理、强化落实、强化成果。

基于核心职责的常规管理和重点工作内容如下：

（一）遵照有关教育法规、方针政策和集团整体工作的要求，根据年度工作计划，对集团发展理念和战略规划落实情况、五大机制运行情况、教育教学标准执行情况、校区日常运行情况、重大项目和特色活动开展情况、干部和专任教师履职情况进行周期性、节点式、专项化督导。

（二）根据教育督导实施方案组织各校区教育督导工作，并向被督导校区反馈教育督导意见。

（三）根据区教育督导室部署，指导各校区各部门做好有关迎接区教育督导检查的准备工作。

（四）督导组根据每学期制定的督导内容，与专家、督导组成员研究制定各项督导内容的评价标准。

## 八个部门职责

### 一、德育部

（一）理念育人

以立德树人和弘扬社会主义核心价值观教育为根本，以史家教育集团"种子计划"为行动坐标，着力培养学生的"为民德""为人德"和"立身德"，通过"校本化机制""课程化机制""行动化机制"深入学生"知情意行"的全过程，促使学生"人德"与"人格"的养成，实现学生健康快乐成长。

（二）课程育人

依托阳光公益社，开展服务学习项目，构建"服务+"综合课程，促使学生在"学会服务"中认识社会与完善自我；依托班队会、综合实践的课程融合，打造社会实践营课程平台，促使学生在贯穿六年的实践活动中塑造品行、完善人格。

（三）管理育人

以优秀德育人才高位引领德育工作发展，通过德育干部校区流动、班主任培优、全体教师德育能力提升三个层面全面提高集团德育师资水平，扩大德育工作成效。以多种形式的校本培训和德育教科研为切入点，以鼓励年级和班级教育创新为突破点，以发挥班主任、工作室、工作坊的引领作用为着力点，促进班主任队伍专业化发展。

（四）协同育人

以建设和谐的家校氛围，打造积极向上的家校学习共同体为目标，秉承"母传德、父传责"的教育理念，发挥各级家长委员会的作用，通过多种形式的家校共育平台，增进家校情感、教师家长情感、家长学生情感，形成育人合力。

### 二、语文部

（一）依托史家教育集团"种子计划"，进行"在阅读中表达，在实践中运用，在文化中浸润"两级三层课程建设，将阅读、表达、实践、文化传承与理解进行整体推进。

（二）以"组合阅读""质疑释疑""对话交流""戏剧表演"为教学模式突破口，不断创新语文课程形态，增进学生课堂上的专注与绽放。

（三）综合运用科学评价方式，落实立德树人根本任务，致力于丰厚学生的"阅读鉴赏""创意表达""人文积淀"等核心素养。

### 三、数学部

（一）基于课程整合的无边界课程研发。聚焦集团"种子计划"五大和谐支柱中人与知识的和谐，用80%课时完成国家课程，在梳理12册教材的基础上进行横向和纵向知识间的整合，重构课程经纬，注重夯实基础，落实数学《课标》10个核心概念；用10%课时完成学科综合实践活动课，基于集团无边界课程理念，打破思维边界和时空边界，挖掘中华传统文化中数学元素，在数学精神与数学方法的民族传承中着力构建史家数学实验室并研发相应课程内容，立体创生人文情感与科学思维深层交织的数学综合实践操作的生命成长场域；330益智课程，是10%学科综合实践活动课内容的多元化、多向化、多态化再拓展，为学生数学核心素养发展提供无限可能。

（二）基于学习方式转变的课堂转型。打造具有数学学科特色的"四会"课堂，转变教与学的模式。

（三）基于数学学科素养的学生培养。为促进人与知识的和谐，从数学学科特有的育人功能出发，聚焦培养学生三大能力，即思维能力、表达能力和实践能力的培养。为学生提供开放式的问题情境，让学生学会独立思考、主动提问、合作探究，在问题解决中学会专注地思考、在互动交流中学会绽放地表达，联动地培养学生的思维能力和表达能力。通过完成24点的采集、寒暑假作业、单元知识梳理、错题整理、课前三分钟展示等个性化评价，培养学生的应用意识和创新意识，不断提升学生的实践能力。

### 四、英语部

（一）课程建设——"SHIJIA"。基于集团"给成长无限可能"的无边界课程理念，结合"种子计划"中国际教育社区项目，以SHIJIA（Service

－服务；Horizon －眼界；Integration －整合；Joy －乐趣；Involved －参与；Ability －能力）为课程目标，系统构建以基础性课程、10%综合实践课程、330课程群、"涵润"游学课程为主体的史家英语课程体系，让学生在掌握语言交际工具的同时，开阔视野、理解差异，实现英语学科的工具性和人文性和谐统一，力求做到"文化无边界"的课程价值取向。

（二）课堂教学——"英语＋"。基础性课程的课堂着眼于学生六年的英语学习，系统整合课程资源，宏观把握教学目标，全面落实学生发展核心素养，形成以会话教学（Warming Up-Presentation-Practice-Production-Ending）以及阅读教学（Warming Up-Presentation-Process-Progress-Ending）为主体的集团特有的教学模式。

综合实践课程的课堂教学以"英语＋"（跨学科融合）和"英语JIA"（Joy －愉悦；Involved －融入；Ability －能力）为特色，系统提升学生的综合语言运用能力。

（三）学生成长方向——"4C素养"。英语部关注整体提升学生的"4C"（Critical Thinking；Collaboration；Cooperation；Communication）素养以及学生的国际视野系统构建。因此，利于学生充分展示自身优势，使水平不同的学生都能体验成功便成为英语部工作的努力愿景。

**五、体育部**

（一）依托史家教育集团"种子计划"，坚持"健康第一"的指导思想，积极推进集团健康工程的实施，深化体育课程改革，以健康学校建设促进学生身心和谐发展。

（二）全面提升课堂教学效果，注重教、体结合。建立和完善竞赛与训练体系，关注学生运动技能的培养，为学生养成终身体育锻炼习惯奠定基础。确保每天锻炼一小时，大力开展校园特色体育活动，培养学生运动兴趣与参与意识。

（三）遵循"增强身体素质，强健体格；启迪身心智趣，滋养性格；塑造坚韧勇敢，完善品格"的学生成长方向，促使学生在六年的健康生活中形成体质健康的"史家基因符号"。

## 六、艺术与生活部

（一）课程建设。以"种子计划"为行动坐标，以无边界课程为发展方向，将多种艺术学科以及艺术学科与其他学科进行系统整合，整体建构综合实践课的"艺术＋"课程形态，实现传统艺术、现代艺术的融合与创新，并使之更具现代化、国际化，形成史家教育集团综合、开放、可持续发展的艺术课程风格。

（二）课堂教学。在课堂教学中打破单一艺术学科的概念以及注重单纯技艺的传统教学模式，倡导"活动——互动体验式"的集团艺术教学，将艺术教育人文性和技艺性进行完美结合。通过多种艺术门类之间的交织和沟通设计教学活动，强调学生的视觉、听觉、动觉、嗅觉、触觉等多种感官的相互沟通和转换，产生出新的创意、新的感受和新的形态的"合"。

（三）学生成长。以美育思想为基石，以促使"人与自身""人与自然"的和谐为育人指向，将艺术融入学生生活，让每一名学生能从生活中发现美、感知美、创造美，获得真切的艺术体验，在"专注"与"绽放"中培养学生整合创新、开拓贯通、跨域转换的多种能力，形成创造、尊重、责任、生命、规则五大基本意识，从而成长为积极向上、健康快乐、善于交往、乐于表达的"和谐"的人。

## 七、人文与科技部

（一）以资源整合促课程创生。以史家小学"种子计划"为依托，关注学生五大意识、五大能力的培养目标。在人与自然和谐的理念支撑下，充分利用史家小学天文馆、科技廊等设备实施以及校外各个博物馆的资源优势，创新课程形态，构建开放的、无边界的人文科技类课程体系。

（二）以理念转型促课堂重构。以史家教育集团 AB 评价量表为引领，凸显学生在课堂上的专注与绽放，促使教师从关注"教"转向关注"学"，构建参与性、实践性、互动性、活动性、生活性的课堂形态，不断形成学习型课堂教学模式。

（三）以评价创新促学生成长。以 24 点学生成长作业为标准，对学生进行科学合理的形成性评价。秉承人文科技部一贯的长作业、主题作业和实践作业的部门传统，对学生的各项作业进行收集与整理，并进行系统的、科学的数据分析，为每一个学生建立学业成长档案夹，关注学生成长变化与进步。

**八、课程资源部**

（一）**课程资源整合——构建集团课程"孵化器"**。聚焦中国学生发展核心素养框架，以"种子计划"为行动坐标，在培养"独立思想者、终身学习者、世界参与者"的无边界课程总目标的引领下，以课程资源中心为基地，创设课程发展平台，进行新理念、新课程的创新实践和经验固化，构建"创造＋"综合课程，助力集团课程的整体构建和系统推进。

（二）**课程资源共享——构建优质课程"共享体"**。以融通共享的方式，引入社会和学区优质课程资源，实现优质教育资源的统筹利用，以"1＋1＋11"的模式为各个学区校整体落实三级课程体系、实现课程资源学区共享提供了实践场所，形成学区化管理、校际深度联盟的有效途径，实现优质课程资源区域共享。

（三）**创意生活社区——构建学习"共同体"**。在这个社区中，教学内容超越书本局限，关注真实的学生生活；教学资源超越教师的视野，整合学校、家庭与社会的多方资源；教学场域超越时空的限制，扩展至线上和线下，从而引领集团学生在无边界的课程空间中积极构建学习共同体，让学习真实发生。

（四）**学习方式革新——构建学习方式"混合体"**。根据新课程的特点，探索实施"线上课程＋线下实践"相结合的混合式学习，有效结合传统学习方式和数字化学习的优势，既发挥教师引导、启发、监控教学过程的主导作用，又充分体现学生作为学习主体的主动性、积极性与创造性，使得学生的认知方式、教师的教学模式、教学策略、师生角色发生深刻改变。

# 北京市东城区史家胡同小学章程
## （2018 年修订版）
## （讨论稿）

## 序 言

北京市东城区史家胡同小学原址位于东城区史家胡同 59 号，办学历史可以追溯至庚款留美事务的专设机构——游美学务处。学校正式办学始于 1939 年，经过一代又一代史家人的教育实践，学校获得优异的办学成绩。

1992 年，学校明确提出"和谐教育"的办学思想，在史家人的共同努力下，形成了以"人与知识、人与自身、人与人、人与社会、人与自然"的和谐为基本框架的和谐育人思想体系和实践体系。

2014 年的北京市义务教育综合改革中，学校探索实施集团化办学模式，为促进教育公平、推动区域均衡打造了一个新的载体。

## 第一章 总 则

**第一条** 为全面贯彻党的教育方针，深化教育改革，努力办好人民满意的教育，学校依据《中华人民共和国教育法》等有关法律、法规，结合办学实际，制定本章程。

**第二条** 学校名称：北京市东城区史家胡同小学（简称：史家小学）。

**第三条** 学校地址：北京市东城区朝阳门北小街南弓匠营胡同 2 号。

**第四条** 学校隶属关系及性质：学校是由东城区人民政府举办的小学。

**第五条** 学校实施义务教育，修业年限为 6 年。

**第六条** 学校以和谐教育为办学理念，以"一个基础、两个向度、三个层次、四个立面、五个支柱"为主要内容构建和谐育人理论体系与实践体系，探索实施以家国情怀为底蕴的系统育人模式。

**第七条** 学校校训是"勤勉 文雅 活泼 奋进"。

**第八条** 学校校徽外形是呵护的双手，象征托起明天的太阳。外观是奖杯的形象，表示学校将不断取得优异的成绩。校徽的中间由三部分组成：中心"史小"两个字用篆体书写组合成为"家"字的意象，寓意史家小学是一个和谐的大家庭；上方是由分别代表孩子、老师、家长三颗心组成的图形，像一棵幼芽，又像展翅高飞的小鸟，象征同学们在温馨、幸福、和谐的大家庭里放飞理想；下方的1939是建校时间。校徽深蓝色的盾形底图体现了教育的庄重与严谨。

**第九条** 学校校旗由校徽及史家小学的中英文名称组成。

**第十条** 学校校歌是《我爱史小》。《在灿烂阳光下》作为学校大型活动及典礼仪式的音乐选曲。

## 第二章 教职工和学生

**第十一条** 学校教职工包括教师、其他专业技术人员、职员和工勤人员。

**第十二条** 学校教职工享有下列权利：

（一）开展教育教学活动，从事教育教学改革和实验。

（二）参加教育教学科研、学术交流，在教研和学术活动中充分发表意见。

（三）指导学生学习和发展，评定学生品行和学业成绩。

（四）按时获取工资报酬，享受国家规定的福利待遇。

（五）通过教代会或其他形式参与学校管理，对学校工作提出意见和建议；对学校重大事情有知情权，对不公正待遇或对处分有申诉权。

（六）使用学校设施、图书资料及其他教育教学用品。

（七）参加进修或者其他方式的培训。

（八）法律、法规、规章与合同约定的其他权利。

**第十三条** 学校教职工应履行下列义务：

（一）遵守法律、法规和职业道德，为人师表。

（二）贯彻国家教育方针，遵守规章制度，执行学校的工作计划，履行教师聘约，完成教育教学工作任务。

（三）对学生进行宪法所确定的基本原则的教育和爱国主义、民族团结的教育、法制教育以及思想品德、文化、科学技术教育，组织、带领学生开展有益的社会活动。

（四）关心、爱护全体学生，尊重学生人格，促进学生在品德、智力、体质等方面的全面发展。

（五）履行人人都是德育工作者的职责，定期与学生家长取得联系，共同做好学生的教育工作。

（六）制止有害于学生的行为或者其他侵犯学生合法权利的行为，批评和抵制有害于学生健康成长的现象。

（七）不断提高思想政治觉悟和教育教学业务水平。

（八）法律、法规、规章规定和合同约定的其他义务。

**第十四条** 学校实行教职工聘用制度和岗位绩效工资制度。学校根据上级主管部门下达的编制和本校的工作任务，在认真听取校内各方面意见的基础上，制定聘用合同制实施细则。实施细则的内容应包括聘用岗位、应聘条件、聘期和聘用方法等。实施细则须经学校党组织讨论，教职工代表大会讨论通过后公布实施，并报上级主管部门备案。学校采取个人申请、民主推荐、公开招聘等形式确定拟聘人选。学校与教职工签订《聘用合同书》。凡签订聘用合同者，即为学校聘用合同教职工，并在此基础上签订《岗位聘任协议书》。

**第十五条** 学校执行国家教师资格证制度及教师专业技术职务评定制度，为教师参加研修和培训提供保障。

**第十六条** 学校按规定对教职工进行表彰、奖励、处分等。教职工对所受处分有异议的，可以按有关规定提出申诉，具体实施细则另行规定。

**第十七条** 学校应当创设载体、搭建平台，充分满足不同层次的教师发展需求，强化教师的专业影响力与学术领导力，注重"领袖教师"的培养，构建"教师领导型治理结构"。

**第十八条** 学生是指取得学校入学资格，具有学籍的受教育者。学校建立健全学生学籍管理制度，按照相关规定管理学生学籍，建立学生档案。

**第十九条** 学生享有下列权利：

（一）学生享有法律、法规规定的受教育的权利。

（二）参加教育教学计划安排的各种活动，按教师的要求使用教育教学设施、设备、图书、音像资料。

（三）按照国家有关规定获得奖学金、助学金。

（四）在学业成绩和品行上获得公正评价，完成规定的学业后，可获得相应的学业证书。

（五）对学校给予的处分不服向有关部门提出申诉，对学校、教师侵犯其受教育权、人身权、财产权等合法权益，提出申诉或依法提起诉讼。

（六）法律、法规规定的其他权利。

**第二十条**　学生应履行下列义务：

（一）履行法律法规规定的受教育者的义务。

（二）遵守法律、法规，遵守学生守则、遵守学校章程、学校的管理制度和行为规范要求。

（三）尊敬师长，养成良好的行为习惯和思想道德品质，自觉维护学校荣誉。

（四）努力学习，完成规定的学习任务。

（五）法律、法规、规章规定的其他义务。

**第二十一条**　学校充分发挥少先队在立德树人中的作用，发挥少先队组织在班级管理、校园管理中的骨干带动作用，定期召开少先队代表大会，全面加强学校少先队工作。

**第二十二条**　学校综合评价学生各方面发展，按规定对学生进行奖励评优、处分等，具体实施细则另行规定。

## 第三章　内部治理结构

**第二十三条**　学校实行校长负责制。校长是学校的法定代表人。校长对上级主管部门承担管理学校的责任，对学校的教育教学和行政管理工作全面负责，统一领导。

**第二十四条**　学校党组织发挥政治核心作用，把握学校发展方向，支持和保证校长依法行使职权。全心全意依靠教职工，密切联系群众，坚持和发展以教职工代表大会为基本形式的民主管理制度，保障教职工的合法权益。坚持和健全民主集中制，加强干部队伍建设和教师职业道德建设。

**第二十五条** 学校校务会由校长、党组织书记、副校长、党组织副书记、工会主席、纪律检查委员等成员组成。校务会成员须报区委教工委审批。

**第二十六条** 学校坚持重大问题集体讨论决策的原则。涉及学校重大事项决策、重要干部任免、重要项目安排和大额资金使用等事项，须由校务会按照民主集中制原则集体讨论，进行决策。

**第二十七条** 学校议事决策需按相关程序进行，具体实施细则另行规定。

**第二十八条** 校长及其他学校干部任命程序：校长按干部管理权限的规定和程序由上级主管部门进行任命。副校长和中层干部由校长提名或聘任，并在听取教职工意见的基础上，经党组织考察，校务会议讨论，按照干部管理权限和职数，报上级主管部门审批或备案。

**第二十九条** 学校成立教职工代表大会，教职工代表大会是学校实行民主管理的基本制度和基本形式，是教职工行使当家作主的民主管理权力的机构。教职工代表大会的主要职权有：

（一）听取学校章程草案的制定和修订情况报告，提出修改意见和建议。

（二）听取学校发展规划、教职工队伍建设、教育教学改革、校园建设以及其他重大改革和重大问题解决方案的报告，提出意见和建议。

（三）听取学校年度工作、财务工作、工会工作报告以及其他专项工作报告，提出意见和建议。

（四）讨论通过学校提出的与教职工利益直接相关的福利、校内分配实施方案以及相应的教职工聘任、考核、奖惩办法。

（五）审议学校上一届（次）教职工代表大会提案的办理情况报告。

（六）按照有关工作规定和安排评议学校领导干部。

（七）通过多种方式对学校工作提出意见和建议，监督学校章程、规章制度和决策的落实，提出整改意见和建议。

（八）讨论法律法规规章规定的以及学校与学校工会商定的其他事项。

**第三十条**　学校工会为教职工代表大会的工作机构。学校工会承担以下与教职工代表大会相关的工作职责：

（一）做好教职工代表大会的筹备工作和会务工作，组织选举教职工代表大会代表，征集和整理提案，提出会议议题、方案和主席团建议人选；

（二）教职工代表大会闭会期间，组织传达贯彻教职工代表大会精神，督促检查教职工代表大会决议的落实，组织各代表团（组）及专门委员会（工作小组）的活动，主持召开教职工代表团（组）长、专门委员会（工作小组）负责人联席会议；

（三）组织教职工代表大会代表的培训，接受和处理教职工代表大会代表的建议和申诉；

（四）就学校民主管理工作向学校党组织汇报，与学校沟通；

（五）完成教职工代表大会委托的其他任务。

**第三十一条**　学校设置战略发展中心、学生发展中心、教师发展中心、品牌发展中心、行政服务中心、督导评价中心六大中心。战略发展中心顶层设计学校发展，学生发展中心全面推进育人工作，教师发展中心负责教师发展规划与教师专业成长，品牌发展中心凝聚项目品牌特色，行政服务中心保障学校日常运转，督导评价中心负责教育质量评估与监督。其中，学生发展中心与教师发展中心、品牌发展中心进行三位一体式构建，下设德育部、语文部、数学部、英语部、体育部、艺术与生活部、人文与科技部、课程资源部。

**第三十二条**　学校实施集团化办学模式，史家胡同小学是史家教育集团成员校，并作为集团龙头校带动各校区发展。

**第三十三条**　学校积极承担教育综合改革任务，参与学区化管理与学区制改革，不断促进区域教育均衡发展。

**第三十四条**　学校在上级部门依法管理下，推进依法自主办学、社会各界依法参与，全面落实校务公开，建立健全现代学校制度。

## 第四章　教育教学科研管理

**第三十五条**　学校全面落实立德树人根本任务，将社会主义核心价值观教育融入教育教学全过程。

**第三十六条**　学校以"种子计划"为行动坐标，积极构建"无边界"课程与"学思知行"课堂，全面推进育人工作。

**第三十七条**　学校以基础性、全面性、发展性的原则进行课程评价与学生学业评价。

**第三十八条**　学校教学管理严格执行国家、市、区颁布的课程计划、教学大纲、教学计划，严格按各科教学规范和学校其他的有关规定进行教学活动。

**第三十九条**　学校执行国家教育考试制度，按上级教育行政部门规定组织好教学质量监控工作。

**第四十条**　学校加强教育科研工作的管理，规范学校教育科学研究项目，提高项目的研究水平和研究效益，发挥教育科学研究对学校教育改革与发展的推进作用，促进教师的专业化发展。

**第四十一条**　学校鼓励教师进行市区教科研项目及集团育人品牌项目申报，各级项目需报备学校行政会及校务会。

## 第五章　学校与家庭社会的关系

**第四十二条**　学校成立家长教师协会，形成班级、年级、校级三级管理制度，充分发挥家长的教育智慧和教育力量，形成学校、家庭、社会三位一体的教育模式。家长教师协会是由在校教师、学生家长代表组成的群众性民间组织，不具有独立法人资格，可以配合参与学校管理、教学等活动，并提供意见、建议、督导及帮助。

**第四十三条**　各级家长教师协会根据规定开展工作，具体实施细则另行规定。

## 第六章 学校资产、财务及经费管理

**第四十四条** 学校合理进行校园建设整体规划，按规定进行校园基本建设和维护管理。

**第四十五条** 学校切实加强安全保卫工作，及时发现和排除各种隐患，确保学校师生和财产的安全。

**第四十六条** 学校经费的来源为财政拨款。学校经费的使用和管理严格执行各项财务政策和财务纪律要求。学校不断加强预算、资金、资产管理，防止国有资产流失，强化预算、收入、支出、采购、资产管理，明确经费开支范围、审批支付程序、教职工福利待遇基本标准和分配原则、学校经费的管理机构、管理原则和主要人员的职责，以及校内财务检查、监督体制。具体实施细则另行规定。

## 第七章 附 则

**第四十七条** 学校建立健全本章程统领下的学校规章制度体系，学校其他规章制度不得与本章程抵触。

**第四十八条** 本章程的制定和修订工作需经学校教职工代表大会和党组织会议讨论、学校校务会审议、上级主管部门审查同意等程序进行。

**第四十九条** 本章程由学校章程建设工作小组负责解释。

**第五十条** 本章程经北京市东城区教育委员会核准，自公布之日起生效。

## 附件一 办学理念解读

"一个基础"指强调基础教育的基础性，把"为了孩子健康快乐成长"确定为史家教育的价值基础。"两个向度"指史家教育中所涉及的一切都以孩子为出发点，不仅关注孩子当下的成长，而且奠基孩子明天的发展。"为了孩子，为了明天"已经成为史家精神的表述语。"三个层次"指史家人十分重视基础教育对于孩子的生存、生活和生命发展的奠基作用。史家教育

"要让孩子掌握生存的能力，端正生活的态度，促使生命的完善"。"四个立面"指史家教育把"身心智趣"和谐发展作为孩子健康快乐成长的内在规定。"身"是身体条件，"心"是心理基础，"智"是理性支撑，"趣"是感性依托，四个方面互相联系、整体建构，共同生发出孩子生命成长中的健康快乐。"五个支柱"指史家人以"人与知识、人与自身、人与人、人与社会、人与自然"的和谐关系为支柱，在"和谐史家"的价值教育中全方位托举起"史家和谐"的教育价值。

　　学校在育人实践中积极构建和谐育人的价值坐标——"种子计划"。"种子计划"以史家人的精神基因——"家国情怀"为起点，以和谐教育为指导，以培养"具有家国情怀的和谐发展的人"为目标，将一位位学生视为一颗颗具有家国情怀基因的种子，旨在为他们提供良好的成长要素和育人环境，使他们尽可能充满活力、千姿百态而又具有共同的家国信念。"种子计划"基于内部突破，致力于形成基于"五大和谐支柱"的"五大基本意识"和"五大基础能力"，从而夯实基础教育的基础；基于外部打破，致力于形成包括优质的课程、优质的课堂、优质的教师、优质的机制、优质的资源在内的"五大优质"，为每一粒种子的生长内蕴优质的教育生态。史家和谐教育体系犹如一粒鲜活饱满的种子，深深植根于每一个孩子的幼小心灵中，伴其一生，惠其一生。

<br>

## 附件二　校徽图片

## 附件三　校旗图片

## 附件四　校歌曲谱

### 我们在灿烂阳光下

（童声合唱）

曹　勇 词
孟卫东 曲
2009.9.24

# 史家教育集团大事记（2015～2017 年）

**2015 年**

3 月 1 日　值新学期开学之日，史家教育集团在北京市东城区成立。

3 月 17 日　史家教育集团"家庭教育指导师"培训项目正式启动。

3 月 31 日　教育部"部分大城市义务教育招生入学"工作考察团到集团进行调研。

4 月 3 日　史家教育集团法制副校长聘任仪式在高年级部举行。

4 月 13 日　史家教育集团"骨干教师科学研究能力提升培训项目"在北京师范大学正式启动。

4 月 29 日　全国义务教育均衡发展推进工作考察团到集团视察指导工作。

6 月 19 日　"梦开始的地方——史家教育集团史家小学、遂安伯小学 2015 届毕业典礼"在保利剧院举行。

6 月 27 日　史家小学党总支组织全体党员、团员和入党积极分子 200 余人到毛主席纪念堂瞻仰参观。

9 月 7 日　"历史铭刻我心　时代感召我行——2015～2016 学年度第一学期开学典礼"在高部礼堂隆重举行。

9 月 17 日　全国教育家成长论坛走进史家教育集团。

9 月 22 日　史家学院成立暨伙伴成长培训项目开班仪式在史家小学中高年级校区举行。

10 月 16 日　史家小学—延庆二小城乡一体化"互助融入式"教师工作室启动仪式在延庆二小举行。

10 月 25 日　正在中国进行国事访问的荷兰国王威廉－亚历山大、王后马克西玛到访史家教育集团，现场观摩由动吧体育"橙衣教练团"为我校足球队队员带来的一堂足球训练课。

11 月 20 日　《中华传统文化——小学全学科综合实践课程开发》项目开题专家论证会在国家博物馆举行。

11 月 28 日　史家教育集团成功承办中国教育学会学术年会微论坛。

## 2016 年

2 月 20 日　中国陶行知研究会苏霍姆林斯基教育思想研究会、史家教育集团在史家小学举办"教育：生命影响生命"主题教育论坛。

3 月 1 日　伙伴成长培训项目第二期开班仪式举行。

3 月 29 日　在东城区教工委、教委的关心和支持下，中国教育学会专业支持史家教育集团合作项目在史家小学正式启动。

5 月 13 日　史家小学党总支召开"两学一做"学习教育工作部署会。

5 月 30 日　"六一"国际儿童节前夕，东城区人民政府区长李先忠、东城区人民政府副区长颜华给同学们带来节日的祝福和慰问金。

6 月 1 日　史家教育集团 MAKER 创意商业挑战赛进行总决赛。

6 月 6 日　首届联合国教科文组织女童和妇女教育奖颁奖仪式在北京人民大会堂举行，金帆舞蹈团参加仪式演出。

6 月 8 日　史家教育集团举行"史家传媒"首届微电影节开幕式。

6 月 25 日　中国游泳队里约奥运会出征仪式暨中国游泳协会北京史家教育集团游泳示范校挂牌仪式在史家小学举行。

7 月 1 日　史家小学党总支组织广大党员深入开展"两学一做"学习教育，举行党员知识竞赛，庆祝中国共产党成立 95 周年。

9 月 1 日　史家教育集团《"写给孩子的传统文化"——博悟之旅》系列教材正式出版。

9 月 9 日　史家教育集团举行"超越梦想"教师节庆祝活动，聘请"教师成长导师"助力教师专业化多元发展。

9 月 27 日　王欢校长为集团全体教师讲党课，学习贯彻习近平总书记教师节考察北京市八一学校重要讲话精神。

10 月 29 日　"共享·联动·创生——集团化办学的探索与实践研讨会"在史家教育集团召开。

11 月 18 日   北京市副市长王宁一行到史家胡同小学调研，检查空气重污染橙色预警期间相关工作落实情况。

11 月 30 日   中共北京市委教育工委常务副书记张雪同志到史家调研党建工作。

**2017 年**

1 月 9 日   史家教育集团进行集团理事会会议，宣布携手北京市 25 所学校共同组建"优质教育研究共同体"，发布育人工作手册。

2 月 15 日   史家教育集团举行"聚心凝力携手同行——东兴杯、京教杯总结颁奖会"，史家教师获得"东兴杯"特等奖 14 个，"京教杯"一等奖 6 个。

3 月 6 日   史家小学党总支总支支委扩大会及中心组分别组织进行专题学习，学习贯彻"东城区教育系统党政正职深入学习贯彻党的十八届六中全会精神暨'两学一做'学习教育专题研讨班"的会议精神。

4 月 29 日   史家管乐团赴上海参加 2017 年上海之春国际音乐节管乐艺术节暨"中华杯"中国第十一届优秀管乐团队展演活动，获得最高奖项——"示范乐团"。

5 月 2 日   "不负青春，绚丽绽放"五四青年节诵诗会在史家举行，同月开展"智慧一刻"青年班主任日常规范微班会论坛活动，青年教师展风采。

5 月 31 日   史家小学"服务学习收获成长，全面发展健康起航"主题活动和第二届"创·智汇"校园 MAKER 分享会颁奖典礼相继举行，史家学生以这样的方式迎接六一儿童节的到来。

6 月 30 日   史家小学党总支举行贯彻市第十二次党代会精神大会暨"党旗引路  榜样同行"纪念中国共产党成立 96 周年主题党日活动。

7 月 19 日   市委组织部、市委教工委、市教委和市政府教育督导室组成的联合督查评议组，在北京市委常委、市委教工委书记林克庆同志的带领下来到史家小学，对史家小学申报北京市中小学党建工作示范点进行督查和评议。史家小学党总支最终成功获得"党建示范点"称号。

8 月 19 日 在团中央"创新教育·变革力量"国际化人才培养高峰论坛上，史家教育集团改革成果得以全面呈现。

8 月 22 日 史家教育集团各校区的全体教师接受培训界享誉百年的卡内基训练。同时，面向全体教师开展集中教育活动，加强师德师风建设，夯实立德树人基础。

9 月 1 日 史家小学 2017～2018 学年第一学期"家国情怀筑梦中华"主题开学典礼举行，在"家国情怀"中开启史家第一课。

10 月 18 日 史家小学党总支组织全体教职工集中收看中国共产党第十九次代表大会开幕会直播，组织党员广泛开展学习党的十九大报告研讨活动，掀起深入学习贯彻党的十九大精神热潮。

10 月 10 日 王欢校长代表集团在"面向未来的教育变革"2017 中芬基础教育教育交流会议上做主题发言。

10 月 10 日，故宫博物院院长单霁翔做客第 25 期"史家讲坛"，与教师分享对于中华传统文化教育的思考。

10 月 26 日 第三届京台基础教育校长峰会在东城区举办，王欢校长代表史家教育集团与参会教育界同仁共同研究和探讨面向未来、共创基础教育新发展的方法、路径与措施。

11 月 18 日 史家教育集团成功承办中国教育学会第三十次学术年会"核心价值观融入学校教育全过程的实践探索"微论坛。

12 月 27 日 "构建学思知行课堂 聚焦思维品质培养——史家教育集团 2017～2018 学年度第一学期标杆课"进行，着重研究在课堂实施过程中如何提升学生思维品质的策略，以及在教师领导型治理结构中充分发挥领袖教师的引领作用。

# 史家教育集团三年发展规划纲要（2018～2020年）

史家教育集团三年发展规划纲要，在《史家教育集团五年运营发展规划（2015～2019年）》（实际三年圆满完成）的实践成果基础上制定，主要阐明集团发展战略意图，确定史家教育发展目标、主要任务和重要举措，是集团办学的价值导向，是校区建设的行动依据，是全体史家人的教育愿景。

2018～2020年，是史家教育品质跃升的关键阶段。全体史家人必须以习近平新时代中国特色社会主义思想为指引，认真贯彻党的教育方针，落实立德树人根本任务，发展素质教育，推进教育公平，为培养德智体美全面发展的社会主义建设者和接班人，全面固化经验、深化实践、强化成果，努力办好人民满意的史家卓越教育。

史家卓越教育特指：基于史家经验、史家标准、史家模式的不断生发和持续辐射，作为中国基础教育改革的践行者、推进者和引领者，集团教育在北京市、全国乃至国际上树立史家形象、彰显史家品质、扩大史家影响。

卓越源于和谐，必须在学校建设中进一步融合和谐教育；卓越依于群动，必须在教师发展中进一步熔炼群动治理；卓越成于家国，必须在学生成长中进一步荣耀家国情怀。和谐是集团发展理念，群动是集团发展路径，家国是集团发展格局。

经过前三年发展，集团积累了宝贵的办学经验。接下来三年，集团处于将描述性经验提升为结构性标准，进而为价值性模式生成开辟道路的关键发展阶段。确立标准框架、充实标准内容、形成标准体系，是集团进一步实现内涵发展的重中之重。

聚焦发展重心，实现发展目标，必须明确层递推进的发展主线，即：第一阶段（2018年）固化经验，确立史家教育标准总体框架；第二阶段

（2019 年）深化实践，充实史家教育标准具体内容；第三阶段（2020 年）强化成果，形成史家教育标准完整体系。步步达成集团标准化办学的经验卓越、实践卓越和成果卓越。

**第一阶段（2018 年）：固化经验，确立史家教育标准总体框架**

主要任务是夯实、巩固、完善集团教育价值体系，在此基础上确立史家教育标准总体框架。

1. 在办学理念上，进一步提炼"和谐育人"价值内涵，形成以家国情怀为底蕴的史家和谐育人理论。

2. 在发展战略上，进一步明晰"种子计划"的价值坐标。

3. 在管理运行上，进一步统摄"条块并举、纵横贯通、统分结合"组织框架下的"教师领导型治理结构"。

4. 在培养目标上，进一步阐发"具有家国情怀的和谐发展的人"的精神实质。

5. 在学生观上，进一步聚焦"促进孩子健康快乐成长"的价值基础。

6. 在教师观上，进一步强化基于"多元群动、和谐共治"的领袖教师及领袖教师群发展。

7. 在课程观上，进一步倡导开放、综合的跨越边界的课程建设。

8. 在教学观上，进一步熔炼"学思知行"学习模式。

9. 在评价观上，进一步发展基于基础性评价、过程性评价（学生学业成长树"24 点"标准）、展示性评价（学生学习表现 AB 评价）系统。

**第二阶段（2019 年）：深化实践，充实史家教育标准具体内容**

主要任务是挖潜、抽绎、创拓集团教育行动路径，在此基础上充实史家教育标准具体内容。

1. 在价值践行上，进一步凸显"相同的舞台、共同的未来"的发展愿景，强化教育公平命运共同体的内涵阐释及文化建设，在融合创新的教育场域中加强社会主义核心价值观培养和中国学生发展核心素养培育。

2. 在战略推进上，进一步凸显"种子计划"的高位引领，以培养"具有家国情怀的和谐发展的人"为目标，以家国情怀打开课程边界，强化学生视角，关注学科价值，提高课堂质量，拓展育人资源。

3. 在运行管理上，进一步凸显"多元群动、和谐共治"，基于集团理事会领导下的三委会、六中心、八部门、多校区建制，并依托"教师领导型治理结构"推动集团内部治理体系和治理能力现代化。

4. 在育人创新上，进一步凸显东城区"健康·成长 2020"工程、"文化·传承 2030"工程和"可持续发展 2050"工程的引领作用，以层构丰富的集团育人品牌项目群建设为主轴，高标准推进博悟学习、服务学习、创意生活社区、健康工程、家校共育、大传媒课程、大书院课程、国际化课程、信息化学习等项目建设，促进学生全面和谐发展。同时，更多关注学生良好品德形成、综合知识积累、传统文化积淀、兴趣特长培养，据此构建基于史家养成教育的学生发展标准，由此形成《实问实答手册（学生版）》。

5. 在机制优化上，进一步凸显"协同机制、互通机制、荣点机制、复盘机制、督导机制"的联动作用，以"协同机制"协调校区工作，以"互通机制"统筹内部资源，以"荣点机制"激励教师发展，以"复盘机制"强化效果分析，以"督导机制"促进规范办学。五大机制共同推进集团发展中的"理念互联、运行互动；课程互联、课堂互动；活动互联、师生互动；科研互联、管理互动；校区互联、品牌互动"。

6. 在队伍建设上，进一步凸显党的领导，并在全面从严治党中让"赢在中层"真正成为史家干部队伍的共识。同时，凸显人力资源发展，重点是健全内控制度，完善绩效工资方案，建立后备干部体系，发挥教科研引领作用，在与中国教育学会、北京市教科院、北师大等机构的合作项目的推进中，在史家学院教师培训课程的构建与教师研修项目的创新中，着力培养各级别有影响的骨干教师、卓越教师、教育家型教师，并助力领袖教师著书立说，更好地发挥其内在引领、外在辐射的教师发展带动作用。

**第三阶段（2020 年）：强化成果，形成史家教育标准完整体系**

主要任务是增益、提升、扩展集团教育发展荣点，在此基础上形成史家教育标准完整体系。

1. 在成果主体上，要有在北京市、全国乃至国际上具有影响力的领航学校、领袖教师、优秀学生。

2. 在成果内容上，要有集团化办学的基础理论成果，形成集团教育研究的新发现、新学说；要有集团化办学的制度建设成果，形成集团教育管理的新标准、新体系；要有集团化办学的实践发展成果，形成集团教育实施的新路径、新场域。

3. 在成果形式上，要有具有引领性的教育论文、教育著作、教育模型、教育专利、教育品牌。

4. 在成果分布上，集团各校区、各部门都要有在市级以上展示的育人品牌项目。

5. 在成果转化上，要有基于可复制性的史家教育标准体系的多层面、多路径、多样态实现形式，并形成辐射校的典型经验。

6. 在成果传承上，基于学生年级循环和教师校际流动，要让史家标准体系在时间上可传、空间上可统。

7. 在成果推广上，要在全国范围内形成优质均衡的史家教育辐射体系。

实现集团三年发展规划目标，前景开阔，使命光荣。全体史家人要坚定不移地贯彻落实集团理事会的决策部署，丰厚家国情怀底蕴，打造多元群动生态，彰显和谐育人特色，团结一心，改革创新，携手开创史家卓越教育的美好未来！

# 学无边界　志在家国

## ——以家国情怀为底蕴的育人体系实践研究

### 一、问题的提出

党的十八大之后，国家对培养学生创新精神、实践能力、社会责任感等方面提出了很高的要求，特别重视学生核心价值观、民族责任意识等方面的培育。《中国学生发展核心素养》的发布又为学校的育人实践指出了明确要求。这与学校践行多年的"和谐教育"理念注重培养学生的爱国情感和社会责任感不谋而合。

当下学生成长存在诸多问题，如被过度保护，缺乏承担责任的意识和能力；物质需求过分满足，缺乏精神追求；缺乏学习内驱力，学业负担重的同时没有学习成就感……追根溯源，这些问题的出现首先与当前教育对情感、态度、价值观的关注不足或浮于表面息息相关，"精致的利己主义者"频出反映了对学生学习成长目标的引导缺位。其次与当前学校教育方式不够生动、不够"接地气"有直接关系，我们的课程内容还比较陈旧，教学方式还比较封闭，评价方式还比较单一。被"圈养"的学生怎么能够有建设祖国、服务社会的豪情与追求？因此，在社会发展的新时期，学校应该探索整体育人方式的变革：从价值观引导切入，打开教育视野，转变学习方式，生成多元评价，建构生动、真实、与时代相适应、与国家相同步的教育模式，教育只有回归"为谁培养人"的核心，才能更好地思考"培养什么人"和"如何培养人"。

史家小学在总结提炼"和谐教育"30 多年办学成果的基础上，基于对时代、对教育的全面审视，旗帜鲜明地将"家国情怀"作为育人的核心价值定位，将家国情怀培育置于立德树人工作的逻辑起点位置，建构起以家国情怀为底蕴的育人模式。

## 二、以家国情怀为底蕴的育人体系

家国情怀是一个人对自己国家和人民所表现出来的深情大爱。以家国情怀为底蕴的育人体系是从对学生一生品格和情操的奠基意义出发，将家国情怀作为核心价值引领，从教育本源出发，综合考虑学校教育各个要素，从而建构的育人体系。

（一）以家国情怀为底蕴的育人体系建构历程

**1. 第一阶段：以家国情怀为根脉的"和谐教育"思想体系（1992～2006 年）**

1992 年初，学校提出"和谐教育"理念，明确了成长不是个人小事、教育不是"小我"行为，系统阐述了人与自身、人与人、人与知识、人与自然、人与社会五个方面的和谐发展关系。2006 年，学校提出"和谐教育"要以培养"有家国情怀的和谐发展的人"为目标。"家国情怀"成为学校深厚的文化基因。

**2. 第二阶段："种子计划"深化家国情怀底蕴的育人系统（2006 年至现在）**

2006 年，学校构建起以培养"具有家国情怀的和谐的人"为目标的"种子计划"，将学生视为一颗颗种子，厚植家国情怀基因，统合成长要素，开放发展环境。"种子计划"从学校文化、课程设置、课堂教学、教师发展、资源建设等方面入手：基于内部突破，致力于形成"五大基本意识"（生命意识、责任意识、创造意识、尊重意识、规则意识）和"五大基础能力"（自主能力、交往能力、表达能力、实践能力和自律能力）；基于外部打破，致力于形成优质的课程、课堂、教师、资源和机制，共建教育的合力。

（二）以家国情怀为底蕴的育人体系的价值追求

**1. 家国情怀培育是中华民族的教育传统与价值逻辑**

在中华文明的价值谱系中，自古就有"为天地立心，为生民立命，为往圣继绝学，为万世开太平"的志向和传统。在中国的教育哲学中，历来讲究家国情怀，强调以正心诚意、修身齐家为基础，以治国平天下为旨归。

家国情怀是植根于中国人血脉之中的文化传承，是特有的社会价值逻辑，也是学生价值观奠基的原点。

**2. 家国情怀培育是社会主义核心价值观落地的重要内容**

立德为先，树人为本。社会主义核心价值观是当代中国之大德。社会主义核心价值观倡导的是具备"家国情怀"的东方君子形象，明大德、守公德、严私德，这是立德之所指、树人之根基。因此，家国情怀培育是社会主义核心价值观落地的重要内容，是立德树人根本任务落地的重要方式。

**3. 家国情怀培育是青少年立志筑梦的基石**

家国情怀从情出发，以情致怀，既是对国家的高度认同感、责任感和使命感，又表现为不止于家不止于国的胸怀和对世界的接纳。家国情怀培育是基于学生成长的身心发展规律、认知发展规律和社会性发展规律的系统工程，是青少年立志筑梦的基石。

（三）以家国情怀为底蕴的育人体系的构成

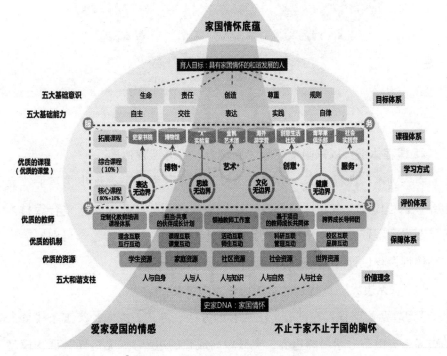

图 1　以家国情怀为底蕴的育人体系

**1. 目标体系：以家国情怀为"核心目标"构建学生素养模型**

"培养具有家国情怀的和谐发展的人"是学校着眼学生未来发展和社会发展需求所提出来的育人目标。为了使培养目标具体化和体系化，学校将其具体化为"五大基本意识"和"五大基本能力"，即生命意识、责任意识、创造意识、尊重意识、规则意识，自主能力、交往能力、表达能力、实践能力、自律能力。这是学校全体教师系统疏理国家育人目标和学校育人特色的基础上提炼总结出来的，符合社会发展变化和人的发展的多元需求，这也是对中国学生发展核心素养的"校本化"表达。

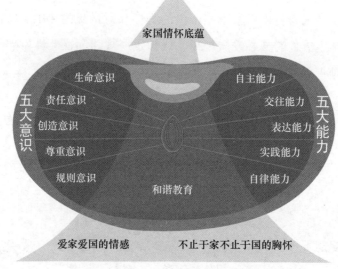

图2　学校"和谐教育"价值理念

**2. 课程体系：以家国情怀为"原动力"打开课程边界**

育人为本，课程为体。学校在"和谐教育"引领下，逐步构建了"无边界"课程体系，以家国情怀打开课程边界，调整课程结构，整合教材内容，开发课程资源，并在科学测算的基础上创造性地安排各学科课时，形成整体性课程设计与变革。

（1）"无边界"课程理念：给成长无限可能

"无边界"课程旨在突破传统教育的方法、方式、方向，突破条线育人的边界，突破符号学习的边界，突破单向成长的边界。"无边界"课程模型内视与蒲公英种子同构，外观与无限大符号同形。寓意是让种子在五个和谐的理念中化茧成蝶。整个课程模型又形同望远镜，两个镜头分别代表科学视角和人文视角，关注学生科学素养与人文涵养的和谐发展，以学生从自然人向社会人的转变为成长向度，依次串联起五个和谐，最终指向"具有家国情怀的和谐发展的人"培养。

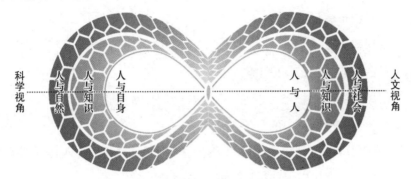

图3 学校"无边界"课程模型

## （2）两级三层课程体系：兼顾基础性和选择性

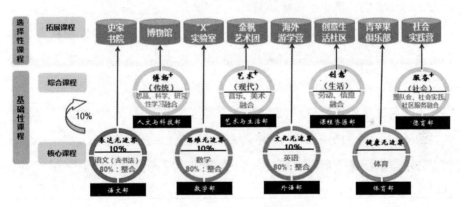

图4 学校"无边界"课程结构图

在"无边界"课程理念的指导下，学校以"整体、高质、高效"为宗旨，构建了两级三层课程体系。两级是指课程整体分为基础性课程和选择性课程。三层是指核心课程、综合课程、拓展课程。其中，基础性课程对应核心课程和综合课程两层，选择性课程对应拓展课程。以课时为突破口，学校整体统筹各学科课时，将课时按照"80%＋10%＋10%"进行分配，要求"整体利用、统分结合"，语文、数学、英语、体育四门核心课程利用80%的课时完成国家课程的教学，被拿出来的20%的课时，第一个10%用于学科内实践课程的定向补充，第二个10%用于跨学科综合课程。

①基础性课程之核心课程：突破边界，定向整合。语文、数学、英语、体育这四门核心课程，要求在保证国家课程落实的基础上实现学生的基本知识技能的高效夯实，形成具有较高的学科素养。因此，我们在坚守基础的同时，将家国情怀的底蕴积累作为其中的暗线，对核心课程进行了定向拓展，建立四个学科课程群：

语文课程群以"表达无边界"为定位，用传媒拓宽语文学科视野，引导学生对话经典名著，传播中华文化。

数学课程群以"思维无边界"为定位，用传统文化拓宽数学学科视野，引导学生学习传统文化中的数学，感知中华智慧。

外语课程群以"文化无边界"为定位，用文化外交拓宽英语学科视野，引导学生传承非遗国粹，向世界讲好中国故事。

体育课程群以"健康无边界"为定位，用传统竞技项目拓宽体育学科视野，引导学生关注中华传统体育。

②基础课程之综合课程：超越学科，综合设计。综合课程旨在打破学科壁垒、穿越学科边界、开展跨学科教学，重点突出小学课程育人的全面性和综合性，体现基础课程的体验性。学校建立了四大综合课程群：

人文与科技课程群以"博物＋"为定位，以国家课程中的思品、科学学科为基础，以"博悟课程"为抓手进行跨学科综合设计。

艺术与生活课程群以"艺术＋"为定位，以国家课程中的音乐、美术学科为基础，以"戏剧"为抓手进行跨学科综合设计。

创智汇课程群以"创意＋"为定位，以国家课程中的信息、劳技学科为基础，以"MAKER 创意挑战"为抓手进行跨学科综合设计。

德育课程群以"服务＋"为定位，融合班队会、社会实践、社会服务等课程，以"创新公益实践"为抓手进行跨学科综合设计。

以"博悟课程"为例，早在 2006 年，史家小学就开始了全学科综合性实践课程的建设与开发，历时 5 年研发了"中华优秀传统文化博物馆系列课程"。该课程以博物馆文物为载体，充分挖掘文物背后蕴含着的中国传统习俗、民族精神、古代科技、古代艺术以及礼仪典范，并与语文、数学、科学、艺术等学科紧密关联，进行全学科整合体，将学生的思维和认知放置于中华历史文明的长河中，使之经历一个从认知到认同再到归属感和自豪感的价值观建构过程，促使其家国情怀不断生成。

博物馆课程共分为两大系列，即走进博物馆的"漫步国博"课程和博物馆资源进学科的"博悟之旅"课程。每一个系列都下设丰富的课程主题，并由至少涉及四个学科的15位教师组成研发小组。各学科教师从本学科价值出发，根据学科特点进行课程主题的融合与研发，从而实现全学科共识。《博悟之旅——写给孩子的传统文化》还被评为"2016年度全国文化遗产十佳图书"。

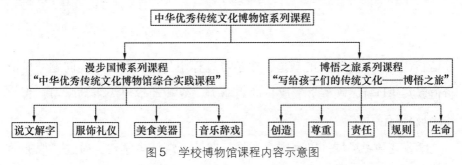

图5　学校博物馆课程内容示意图

③选择性课程之拓展课程：发展个性，激发潜能。拓展课程指向学生兴趣的持续培养。拓展课程充分满足学生的不同兴趣发展需求，下设八大课程平台：史家书院、"X"实验室、海外游学营、青苹果俱乐部、博物馆、金帆艺术团、创意生活社区、社会实践营。拓展课程旨在引导学生正确地认识兴趣、学会选择，在选的基础上持续专注，在家国的大舞台上精彩绽放。

（3）课程创生以学习者为中心：构建以家国情怀为内驱力的学习新样态

转变学生的学习方式，是以家国情怀为底蕴的育人体系建构的重要目标和核心内容。学校从学习者出发，以家国情怀为切入点，通过"服务学习"这一新型学习方式，改变学习的动因、场域、流程和关系，构建学习新样态。

①改变学习动因：以家国为目标，激发学习内驱力。学习方式是学习动因的映射，转变学习方式要从调整学习动因这个原点出发。"服务学习"将服务与学习紧密结合起来，真实问题和社会价值是前提与载体，服务"家国梦"是学习的动因和目标，它尤其注重教与学目标的第三维改造，关

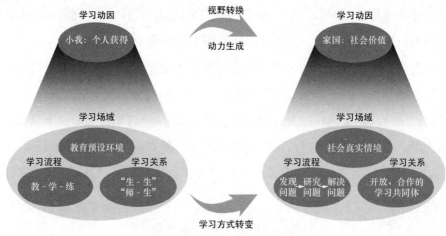

图6　学校学习方式新样态示意图

注情感、态度、价值观的塑造，在学习过程中打开视野、发现问题、讨论价值、共建目标，唤醒学生成长的内驱力，变被动学习为主动学习，为中华之崛起而读书。

②改变学习场域：以家国为场域，在社会情境中实践。通过"服务学习"让学生置身于真实社会情境下的学习空间。带领学生走出封闭的课堂和学校，走进真实的社会与生活，直面现实问题。通过亲身参与校园公益、家庭劳动和社会实践，学会主动地发现、关注、参与解决小到班级，大到人类社会的现实问题，在真实的社会体验中实现知行合一、学以致用。

③改变学习的流程：以家国为视角，开展基于真实问题的项目学习。本着"发现问题——研究问题——解决问题"的逻辑，经历从"发现——计划——行动——反思——分享"的流程。学生在任何时候提出的或遇到的问题都可能自发地形成某些学习关联，学生需要分组找出解决问题的途径与办法，制定解决问题的计划，将计划付诸行动，并在行动中不断地反思与追问，将个人的获得以多元的表达方式分享给更多的伙伴。

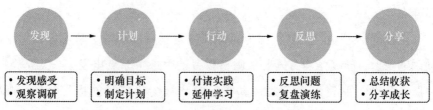

图7　学校"服务学习"流程示意图

④改变学习关系：以家国为纽带，建立学习共同体。基于学生的真实问题，以家国为纽带，形成一个集学生、教师、家长、专家、社会大众为一体的开放、合作的学习共同体。在这个共同体中，学生是学习的主体，不同学科背景的教师、家长、行业专家联合形成联合导师团，在服务学习过程中的形成性问题成为共同课程。学生之间有分工、有合作，基于共同的学习目标，通过沟通、交流，共同完成学习任务。

以学生发起的"影为爱"项目为例：为了加深来京外来务工人员与留守子女之间的亲情沟通，学生们提出要为外来务工人员拍摄一组照片，记录他们在京工作与生活的场景，并为他们办一场影展，吸引更多的人关注这个群体。在这个过程中，学生们主动学习摄影知识、展览知识，学着跟各行各业的劳动者打交道。他们走上街头，走进工地，走进市场进行跟拍。语文、美术、技术等学科的教师，摄影、媒体等相关领域的家长志愿者应邀成为孩子们的导师团，孩子们的善心还打动了陈长芬等专业摄影大师，为孩子们带来了专业的摄影讲授。在共同的公益善心驱动下，一个开放、互动的学习共同体自然而成。家国情怀正在改变着学生们学习的样态。

**3. 评价体系：以家国情怀为"导向"创新评价方式**

评价是实现学校教育的重要标尺，是检测育人目标是否发挥导向作用的重要手段。学校以家国情怀为"导向"，积极探索评价创新，整体构建评价系统，扎实推进综合素质评价。

（1）多元评价，关注学生成长的"获得"

坚持多元化评价原则。一是坚持评价主体多元，包括学生自评、小组互评、教师评价、资源单位评价、服务对象评价、家长评价、媒体评价等，多维度关注学生成长中每个方面的获得。二是坚持评价成果多元，鼓励采用小论文、调查报告、演讲、展览等多种形式分享所思与所得。同时，作为多元评价主体的重要组成部分，学习还积极尝试引入社会第三方评价，如引入专业机构项目评审，又如将社会媒体评价作为学生学习项目成果影响力的指标。

（2）过程评价，关注学生成长的"增量"

"24点评价"是学校依据学业成长树"24点标准"开展过程性评价的

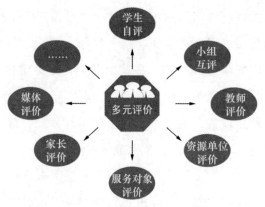

图 8  学校多元评价主体

创新手段。"24 点评价"旨在记录一至六年级每个学生各科学习与成长的足迹。横向涉及语文、数学、英语、音乐、科学等全部学科，纵向要求每个学科每学年选取 4 个成长点，6 年共 24 个点，全面地记录学生成长过程中的重要而真实的学业情况，发现学生成长"增量"，帮助学生把成长过程中有意义、有价值的学习资料保存下来，引领学生、家长从过度关注知识成绩，转向关注学生全面、持续、特色化发展；教师透过学生的成长轨迹反思调整教学设计、课程设置、教育落实。

表 1　　　　　　　　学校语文学科"24 点成长记录"采集点

| 年级 | 上学期 | | 下学期 | |
|------|--------|--------|--------|--------|
| | 第一个点<br>语言建构与运用 | 第二个点<br>思维发展与提升 | 第一个点<br>审美鉴赏与运用 | 第二个点<br>文化传承与理解 |
| 一 | 完整地写一句话 | 合理想象 | 诵诗 | 背诵《弟子规》 |
| 二 | 看图写几句话 | 错题分析 | 课本剧 | 古诗文朗诵 |
| 三 | 围绕一个意思<br>写一段话 | 问题推理 | 诵读 | 综合实践活动<br>（传统文化） |
| 四 | 观察日记三则 | 阅读理解 | 小报 | 书法 |
| 五 | 想象作文 | 评价人物 | 课本剧 | 综合实践活动<br>（遨游汉字王国） |
| 六 | 小学生活二三事 | 错因分析 | 阅读小报 | 综合实践活动<br>（轻叩诗歌大门） |

（3）"AB 评价"，关注学生成长的"表情"

"AB 评价"以"专注（Absorption）·绽放（Blossom）"为维度，专注度包括情绪稳定、思考积极、兴趣浓厚、精力集中、精神饱满五个方面，构成课程评价的内在指标；绽放度包括想象丰富、创意新颖、逻辑清晰、表达生动、成果突出五个方面，构成课程评价的外在指标。"AB 评价"通过学生真诚表情，检测、反馈课堂的效果和教与学的状态。

表2　　　　　　　　　　　　　　学校"AB"评价表

| 一级指标 | 二级指标 | 三级指标 | 评价内容 | 量化评价 | | |
|---|---|---|---|---|---|---|
| 专注 | 思维 | 积极思考 | 主动提问＋敏捷应答＋踊跃讨论 | +1 | +2 | +3 |
| | | 精力集中 | 专心听讲＋深入思考＋规范操作 | +1 | +2 | +3 |
| | 兴趣 | 主动参与 | 交流讨论＋积极体验＋自主探究 | +1 | +2 | +3 |
| | | 持久发展 | 寓学于趣＋动力递增＋转趣成志 | +1 | +2 | +3 |
| 绽放 | 创意 | 想象丰富 | 着眼变化＋多向关联＋触类旁通 | +1 | +2 | 3 |
| | | 形式多样 | 角度新颖＋材料新鲜＋结论新特 | +1 | +2 | 3 |
| | 表达 | 自然大方 | 叙述清楚＋声音洪亮＋各抒己见 | +1 | +2 | 3 |
| | | 表情达意 | 感情丰富＋主题明确＋言简意赅 | +1 | +2 | 3 |
| 备注 | 学生表现总评 | | | | | |

**4. 保障体系：以家国情怀为"价值认同"共筑"教育生态"**

学校提出以家国情怀共筑"教育生态"，从教师培养和资源整合两方面为"育人体系"提供保障。

（1）教师保障：改变教师心智模式，塑造伙伴型教师

学校积极改变教师心智模式，通过家国情怀激活并凝聚教师发展的内在动力，建立伙伴型教师队伍，让教师成为学生成长的伙伴，让教师之间互为帮扶伙伴，并通过外部优质资源的引进让教师身边有伙伴。

①由学校到社会——增强教师社会责任与担当。开展"伙伴成长计划"，选拔 180 位领袖教师，通过点对点的方式让他们与乡村教师结成成长伙伴小组，以家国情怀引领教师成长，引导教师不仅以教育优质发展为己任，还要助力"教育精准扶贫"，在伙伴帮扶中增强社会责任与担当，主动分享、输送教育经验和教育智慧。

②由教师到导师——注重教师综合性成长。创新教师培养模式，成立

了教师职业成长基地——史家学院，通过定制化的教师培训课程体系，满足教师多元多维的发展需求，带领教师更新教育理念，适应教改趋势，主动转变教师角色。支持自主课程建设，建立多学科背景的课程研发小组，在真实的教育需求中促进教师跨学科素养提升。同时，打造跨界成长导师团，吸纳各行各业的杰出人才担任"史家教师成长导师"，帮助教师打开视野，丰厚底蕴。

（2）资源保障：构筑资源生态圈，打造教育合力

本着"一切为了孩子，一切为了明天"的教育追求，本着共同的家国情怀与责任担当，史家构成一个巨大的极富正能量的磁场，聚集了众多优质的资源，形成了一个同心多层的资源生态圈。

①家校协同共育，让家风成为课程。家庭是家国情怀底蕴培育的起点。史家尤其注重家庭力量的注入，在实践中逐步形成了"理念共识、管理共为、教育共享"的家校协同理念。学校与家庭的和谐关系感染着学生主动关注家庭，学生发起了众多与家庭密切相关的学习项目，如"家书守护行动""听爷爷奶奶讲故事""放下手机，让我们在一起""亲子坏情绪 Go A-way"……这些项目研究家庭问题、改变家庭习惯、共享家庭资源、建设家庭风尚，成为学生成长中的特色课程，也成为家庭文明建设的创新行动。家校的共同浸润生发着学生爱家爱国的情感与胸怀。

②社会资源双向互动，生成育人合力。家国情怀的培育离不开广阔的家国与社会场域。学校有效整合资源，构建资源生态圈，通过社区资源的整合，延伸教育的触角，吸纳教育资源，构建和谐的社群关系；通过社会场馆、专业院校、学术团体等社会资源的整合，不断丰富教育的内容和形式；通过国际资源的整合，开拓国际合作新平台，将学生家国情怀的培育放置于世界文明的广阔空间中。同时，学校尤其重视发挥各种文化资源的育人价值，积极与博物馆、艺术馆、美术馆等场所合作，探索重要的文化符号背后蕴含的教育契机，挖掘其与学校教育之间的天然联系。

## 三、实践效果及创新点

以家国情怀为底蕴的育人模式的建构，有力地推动了学校综合变革，

通过育人模式的构建，学生成长更加主动，真正唤醒学生成长内驱力；教育样态更加生动，教育的内容和方式越来越多元、真实；教育生态更加联动，家校更加密切无间，集团更加凝聚共赢，资源更加共享互动。

表3　　　　　　　　　　学校课程资源中心资源辐射情况

| 学年 | 集团校 | 外校 | 国际友好校 | 总人次 | 总课时 |
|---|---|---|---|---|---|
| 2009 ~ 2010 学年 | 4110 | 1814 | 80 | 6444 | 1046 |
| 2010 ~ 2011 学年 | 13635 | 3699 | 280 | 17614 | 3712 |
| 2011 ~ 2012 学年 | 15440 | 798 | 358 | 16584 | 3932 |
| 2012 ~ 2013 学年 | 16482 | 2989 | 176 | 19647 | 4742 |
| 2013 ~ 2014 学年 | 16802 | 6158 | 131 | 23091 | 5306 |
| 2014 ~ 2015 学年 | 18720 | 5784 | 263 | 24767 | 6510 |
| 2015 ~ 2016 学年 | 20160 | 6274 | 140 | 26574 | 6704 |

（一）抓住文化传统，回归修己达人、齐家治国的育人逻辑

将家国情怀这一中华传统文化精髓作为教育发展与个人成长的"双底色"，回归千年中国的教育智慧与价值，并与现代教育进行融合创新。这一模式贴合中国实际，符合中国学生实际，能够引发广大共鸣。从我们近年来对学生长期监测的调查数据来看，学生从入学到毕业，其成长的方向性和学习主动性均得到了明显提升（见图9）。

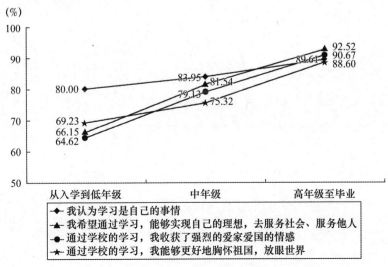

图9　学生跟踪调研数据统计

（二）打开教育视野，使教育贴近社会，紧跟时代

通过课程内容重构和评价方式多元，让学生在社会中所见所闻所感成为课程，让学生在实践中所接触到的学习伙伴、专家导师、服务对象成为学习的评价互动者和评价者，打通教育与社会生活之间的边界，让教育更加贴近生活、贴近时代、贴近家国，帮助学生认识并深刻理解所处的时代，认识身处的家国社会，并为家国崛起而努力。

（三）转变学习方式，在实践中学习，在服务中成长

以服务家国为切入点，通过"服务学习"这一新型学习方式，将服务与学科教学紧密结合起来，让学生走出课堂，走进家国社会，在服务中学习，在学习中服务。这种学习方式正从跨学科的综合性课程开始，逐渐影响并深入到学科课程之中。教师及学校的教学资源的原有边界被打破，通过拼图式组合以满足学生真实的、跨学科的学习需求。

学校将继续完善并践行以家国情怀为底蕴的育人体系，做学生成长的引路人，切实落实立德树人的教育根本任务！

附录 4

# 史家教育集团实问实答手册

## 第一部分：整体办学思想

**1. 史家教育集团的建设理念是什么？**

1992 年史家小学提创"和谐教育"，提倡人的全面和谐发展。在义务教育综合改革中，史家教育集团充分发挥龙头校史家小学和谐教育的辐射带动作用，兼顾各集团校的既有文化，提出"和谐+"的建设理念。各集团校提出"和谐+生态""和谐+七巧""和谐+适合""和谐+同行"等校区理念，联动推进集团化办学。

**2. 史家教育集团的发展战略是什么？**

史家教育集团以"种子计划"为发展战略。集团既把学生视为一颗颗种子，也把优质教育看做一粒鲜活饱满的种子。"种子计划"以史家人的精神基因——"家国情怀"为起点，以"和谐"教育为指导，以培养"具有家国情怀的和谐发展的人"为目标，将一位位学生视为一颗颗具有家国情怀基因的种子，旨在为他们提供良好的成长要素和育人环境，使他们尽可能充满活力、千姿百态而又具有共同的家国信念。"种子计划"基于内部突破，致力于形成"五大基本意识"和"五大基础能力"，从而夯实基础教育的基础；基于外部打破，致力于形成包括优质的课程、优质的项目、优质的教师、优质的机制、优质的资源在内的"五大优质"，为每一粒种子的生长内蕴优质的教育生态。史家和谐教育体系犹如一粒鲜活饱满的种子，深深植根于每一个孩子的幼小心灵中，伴其一生、惠其一生。

**3. 史家教育集团的办学路径是什么？**

为了打造无边界的教育公平命运共同体，史家教育集团确立"以融增熔、由熔促荣"的办学路径，即基于办学要素的结构性融合，推动发展内核的定向化熔炼，培育教育质量的内生式荣点，让教育优质在均衡拓展中提升，让教育均衡在优质提升中拓展，使各种教育要素在和谐群动中促进集团建设、教师发展和学生成长。以融增熔，熔铸了每一个孩子畅达未来的同一个世界；由熔促荣，荣耀着每一粒种子拥抱蓝天的同一个梦想。

**4. 史家教育集团的改革支点是什么？**

史家教育集团以"构建'动力群'、激发'群动力'"为改革支点，以理念创新带动、战略创新驱动、架构创新促动、机制创新联动、队伍创新推动等方式多向促进集团从管理走向治理，进而形成干部自觉引领、教师主动谋变、团队内在聚合的整体推进态势，在集团化办学中让改革的活力全面迸发，让教育的智慧充分涌流。

**5. 史家教育集团的育人架构是什么？**

"一个基础、两个向度、三个层次、四个立面、五个支柱"是史家教育集团的育人架构。"为了孩子健康快乐成长"夯实一个基础；"一切为了孩子，一切为了明天"标明两个向度；"生存、生活、生命"递升三个层次；"身心智趣"创生四个立面；"人与知识、与自身、与人、与社会、与自然的和谐关系"构成五个支柱。

**6. 集团发展中传承的史家精神是什么？**

"为了孩子、为了明天"，是史家精神的表述语。其内涵是：史家教育以孩子为出发点，不仅关注孩子当下的成长，而且奠基孩子明天的发展。"为了孩子"，就是要平等对待每个孩子，关心每个孩子成长的全部内容，特别是要以"立德树人"为根本任务，全方位培育孩子成人成才。"为了明天"，就是为未来社会需要的人才打好基础，充分体现基础教育的基础性，为每个孩子注入成长的基因，让每个孩子健康快乐地成长。

### 第二部分：课程理念和体系

**7. 无边界课程的概念界定**

无边界课程突破传统教育的方法、方式、方向，具有融合性、开放性、自主性的课程品质。具体讲，无边界课程突破条线育人的边界，统整育人要素，锻炼学生的自主与合作，培育独立思想者；突破符号学习的边界，连接书本生活，鼓励学生的创意与表达，培育终身学习者；突破单向成长

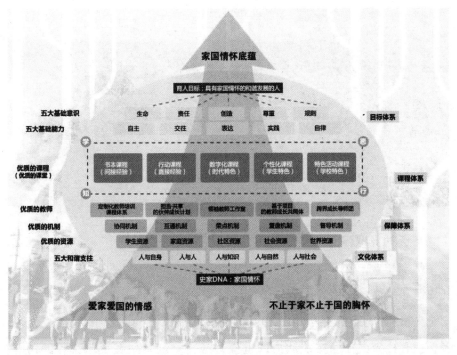

图 1　"种子计划"图

的边界，提供多样选择，引导学生的专注与绽放，培育世界参与者。

| 课程名称 | 问题导向 | 课程设计思路 | 课程目标 | 育人目标 |
|---|---|---|---|---|
| 无边界课程 | 突破条线育人的边界<br>（突破传统教育的方法） | 统整育人要素 | 锻炼自主与合作 | 育独立思想者 |
| | 突破符号学习的边界<br>（突破传统教育的方式） | 连接书本生活 | 鼓励创意与表达 | 育终身学习者 |
| | 突破单向成长的边界<br>（突破传统教育的方向） | 提供多样选择 | 引导专注与绽放 | 育世界参与者 |

### 8. 无边界课程的课程理念是什么？

集团以"种子计划"为无边界课程的价值基点，确立培育"和谐的人"的课程指向，提出"给成长无限可能"的课程理念。"给成长无限可能"特指不让课程的局限，禁锢成长的无限，而让课程的无限，拓展生命的可能。特别是在实践中让孩子先体验后选择，倡导活动课程化、课程生活化，倡导自主学习、引导团队合作。

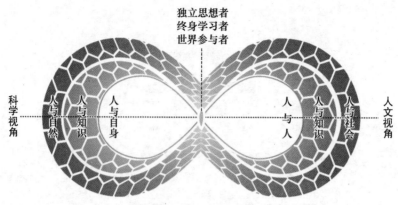

科学视角

人文视角

独立思想者
终身学习者
世界参与者

人与自然　人与知识　人与自身　人与人　人与知识　人与社会

图2　无边界课程模型

**9. 无边界课程的课程目标是什么？**

基于"立德树人"的教育根本任务，围绕中国学生发展核心素养，依托史家和谐教育特色，我们的课程目标是：致力于让每一名孩子成为持有完全人格和价值伦理的独立思想者，具有逻辑思维和创新精神的终身学习者，拥有社会责任和实践能力的世界参与者。这是站在全球视野的角度，对"和谐的人"所做出的更为具象和现实的表述。

**10. 史家教育集团的课程管理体系是什么？**

| | |
|---|---|
| **课程管理委员会**<br>战略发展中心　督导评价中心 | 由校长牵头，由战略发展中心和督导评价中心组织运营，并吸纳校内外课程专家共同组成，主要负责集团课程的顶层规划与设计，对接国内外教改的理念，审批课程增减及课时设置，并定期召开集团课程发展专题研讨会 |
| **三个中心**<br>学生发展中心　品牌发展中心<br>教师发展中心 | 由三个中心组织，主要负责课程的统筹与监控、三大中心重点各有不同，学生发展中心主要负责国家课程的整合与补充；品牌发展中心则主要负责品牌课程及项目的开发与策划；教师发展中心主要负责教师专业素养的提升，重点培养教师课程领导力 |
| **八个部门**<br>德育部　语文部　数学部　外语部　体育部<br>人文与科技部　艺术与生活部　课程资源部 | 由八个部门构成，主要负责课程的开发与评价，以任务为导向，以特定的课和建设为目标，通过扁平化的管理促成信息共享、理念协同、相互协调，从而有效促进跨学科、多部门的高效合作 |
| **六个年级组** | 由六个年级组构成，以课程实施与反馈的主体，各年级牵头探索具有年级特色的课程实施方式和教育教学模式，并负责课程实施的动态跟踪与反馈 |

**11. 无边界课程的课程形态是什么?**

| 课程形态 | | 具体表现 |
|---|---|---|
| 1.0 形态 | 基础性课程 | 主体性的班级学习 |
| 2.0 形态 | 多样性课程 | 菜单式的小组合作学习 |
| 3.0 形态 | 自主性课程 | 在综合空间的自主学习 |
| 4.0 形态 | 开放性课程 | 无边界空间的多样化学习 |

**12. 史家教育集团的课程体系是什么?**

史家教育集团"无边界课程"的体系为"两级三层"。

"两级"是基础性课程和选择性课程。"两级"之下分为"三层",基础性课程对应核心课程和综合课程两层,选择性课程对应拓展课程一层。

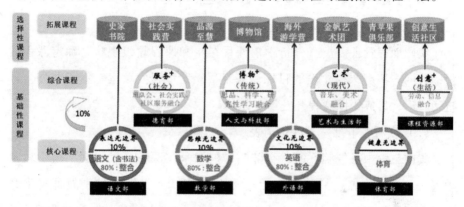

实验校区"和谐+生态"课程特色发展。

实验校区课程旨在遵循"和谐+生态"的教育理念,坚持符合生态规律的自主成长的基本原则,构建和谐、健康的教育环境、自能发展的教育团队和均衡的综合课程服务系统,均衡发展学生的学习能力、思维能力、创新能力、沟通能力、实践能力,培养能生存、有品位、会助人的完整的人。

此课程在基础类课程、自主类课程、课外活动类课程和研学类课程四种分布类型建设过程中,为学生个性的全面发展而营造了相对独立又普遍联系变化的动态课程服务环境。

七条校区"七彩阳光巧课程"的实施。

在集团"和谐"的框架引领下,依据七条小学的办学思想,以"和谐+七巧"为校区特色,开设七条小学"巧"课程,通过巧规划、巧利用,创设七彩校园。让学生通过"巧学、巧练、巧用",增强创新能力,成为阳光少年。

七巧课程的确立基于以下几方面的思考:首先是学习集团的和谐教育理念、无边界的课程方向、专注绽放的评价方式,其次是梳理七条校区和集团的层级关系,最终是根据七条小学的文化特色,学生"七气"成长方向而提出的"七彩校园·启志少年"的教育文化发展目标。通过完善"三味书屋""益智游戏""数字媒体""行动公益"组成的七小"巧"课程体系,培养具有阅读表达、益智绽放、媒体创新、服务志愿的能力全面,素养综合的社会主义接班人。

**13. 在史家教育集团怎样申报校本课程的开发?**

(1)确定课程建设方向,编写集团课程开发年度方案

集团课程管理委员会分析学校课程结构和课程建设现状,确定课程建设的方向,拟定课程建设的目标,编制学年课程开发草案。集团办公会审批通过后,形成集团课程开发年度方案。

(2)填写、审批《开课申请表》

集团三大中心统筹下的八个部门,根据学校课程开发方案,组织教师填写《开课申请表》。新课程由集团统一开发为主,同时鼓励教师自主开发。集团统一开发的课程,由八个部门结合本部门定位,进行新课程开发任务认领,组建课程开发团队,并由课程开发团队填写《开课申请表》。教师自主开发的课程,由教师填写《开课申请表》。集团课程管理委员会统一组织对《开课申请表》进行审批。

(3)开发、评估、修订新课程

《开课申请表》获批后,方可进入课程开发阶段。由八个部门统一组织申请教师及团队编写教学大纲、教学计划、教材。集团课程管理委员会定期组织专家进行验收、评估,八个部门根据验收情况,修订、完善课程及教学资料。

(4)统一排课,完善课程

八个部门在年级组的协助下,组织教师试讲,并由集团课程管理委员会组织专家进行听课、评议。试讲通过后,形成课程讲授团队,并由集团

课程管理委员会统一组织各校区排课。教师按照教学计划授课，逐步丰富课程资料，形成教案。八个部门定期针对新开课程开展专项听评课活动，集体研课磨课，不断完善课程。

**14. 史家教育集团的社会实践活动课程的目标是什么？**

（1）以"服务 +"为定位，以社会为视角，通过充分挖掘广泛的社会资源，将服务纳入课程，将课程融入服务，使教育更加贴近社会。重点关注学生的规则意识与自律能力的培养，发展学生社会适应能力、社会参与意识及社会责任感。

（2）引导学生在学习中服务，在服务中学习。通过社会实践活动，培养学生的同理心和领导力，使学生学会理解、尊重他人，学会服务与奉献。

（3）引导学生主动地发现、关注社会中的现实问题，并试着去解决这些社会现实问题，在解决问题的过程中，增长自信与才干，丰富与他人合作的经验。

**15. 史家教育集团社会实践活动课程的内容体系是什么？**

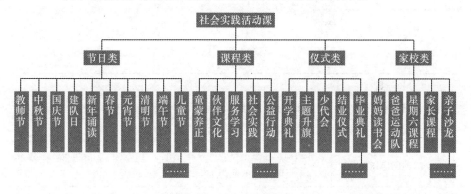

## 第三部分：学科教学常规要求

**16. 史家教育集团各学科的教学主张是什么？**

【语文】依托集团"种子计划"，形成"在阅读中表达，在实践中运用，在文化中浸润"的课堂教学特色。

【数学】构建会思考、会研究、会表达、会应用的"四会"课堂教学模式，聚焦学生思维能力的培养。

【英语】注重学生思维品质的有效提升、阅读习惯的持续培养，以及文化交流的自信表达。

【体育】激发学生运动兴趣，提升参与意识，注重"教体"结合，关注学生运动技能，为学生养成终身体育锻炼的习惯奠定基础。

【人文与科技】关注人与自然的和谐，以开放的资源融合教学内容为突破点，构建参与性、实践性、互动性、活动性、生活性的课堂形态，不断形成学习型课堂教学模式。在审视与思辨、探究与创新的过程中为学生的成长提供无限可能。

【艺术与生活】呈现"自主——开放、多元——体验、综合——实践、创意——表达"的学科特点。

### 17. 怎样做学生学科质量测试的试卷分析？

| 1 | • 班级试卷分析 |
| 2 | • 年级试卷分析 |
| 3 | • 学科试卷分析 |
| 4 | • 中心领导审核 |
| 5 | • 校区整体汇报 |

试卷分析流程

| 分析项目 | 内容要求 |
| --- | --- |
| 试卷命题的维度分析 | 基础性、全面性、灵活性、综合性、创新性 |
| 各项数据的真实解读 | 年级平均分、各等级的比率、班级的横纵比较 |
| 主要成绩的总体概括 | 基础知识和基本技能的掌握情况、年段重点达成情况、学生在试卷中反映出来的能力水平 |
| 存在问题的归纳梳理 | 试卷中反映出来的知识漏洞、能力不足、习惯养成问题 |
| 今后教学的改进措施 | 根据试卷反映出来的问题，从日常研读教材、课堂教学、校本教研、关注学生发展等维度提出切合实际、具有实效的建议 |

### 18. 学科作业的种类有哪些？

基础性作业：语、数、英要完成区里下发的形成性练习册，语文有作文、数学有口算练习册、英语有课堂练习本的日积月累。

过程性作业：各学科结合本学科特点给学生布置的长作业，如知识梳理、错题整理、小课题研究、成长记录24点所指征的作业等。

展示性作业：各学科利用课前 3 分钟让学生进行展示、一二年级期末乐考、330 成果汇报。

**19. 怎样制定寒暑假的主题作业？**

| 制定环节 | 各环节细则 |
| --- | --- |
| 成立核心小组 | 核心组成员包括各部门领导、各学科教师代表 |
| 确定作业主题 | 结合寒暑假的时间特点、季节特点、中华传统文化元素 |
| 撰写作业方案 | 有明确的主题，结合主题提供的活动项目、学生完成的方式和原则、开学后的评价方案，形式要丰富，可与课前展示结合 |
| 解读作业方案 | 1. 各部门领导给本学科教师进行寒暑假作业方案的解读，与老师们达成共识；<br>2. 教师面向全体学生对作业方案进行解读 |

**20. 如何设计"长作业"？**

"长作业"特指学生在一段时间内（一周或更长）结合学科特色完成的拓展性实践作业。在学生完成某阶段、某单元、某个知识点的学习后，教师结合学生所学习的内容、依据学生的认知特点和年龄特点，联系学生的生活实际，给学生设计一些具有思考性、综合性、现实性、实践性、研究性的主题，让学生在课下，可以是独立的，也可以是以小组合作的方式展开研究。鼓励学生多方面收集资料、多角度分析问题、多维度阐述观点、多策略解决问题。研究结果可以以小报、研究小论文、绘本、漫画、PPT 等不同形式自我呈现，最终教师要为学生提供展示、交流、评价研究成果的平台。

强调学科整合，结合各学科课题，学生有选择地完成一项即可。

**21. 教师教学中的评价类别有哪些？**

教学中的评价，应该是在课堂上、学生活动中、双边互动中进行的一种即时性评价。从评价形式看，可以分为语言评价、表情评价和肢体评价；从评价主体看，可以分为同学间评价、教师评价、自我评价等；从评价工具看，可以是信息化评价工具，也可以是课堂中教师设计的评价表格。

此外，随着"互联网＋"在教学中的广泛应用，教师也可以根据教学实际，充分利用互联网等信息化评价工具进行随时或随机的数据采集。

**22. 学生学习中经常出现的问题有哪些？教师应对的基本方法与措施是什么？**

学生的学习问题大致分为以下几个方面：学习动机不足；学习习惯不良；学生课堂上的注意力集中时间短，容易分散；缺乏自主独立思考能力，遇到疑问没有及时提出来得到解决；学习中缺少主动思考及创新意识，面对问题或难题，容易盲从或从众；在操作性学习中，学生动手能力较差，协调性不够；学习目标不明确即盲目性学习；考试中紧张，缺少意志力，心理的承受能力有待提升；有极少数学生确实患有一些心理疾病，如统合失调、多动症、学习障碍症等。面对这些问题，作为一线教师，应该及时采取措施对学生进行正确的引导与干预。

【精心做好教学设计】转变以往的"一言堂"和"满堂灌"，改变重知识、轻能力和价值观教育的传统观念，设计符合学生需求的教学活动，引起学生的学习兴趣，解决学生的学习问题。

【提升教师自身教学魅力】教师要不断丰富自己的专业知识以及个人修养，能够以博学、宽容、幽默、正直等提升教师在学生心目中的信任与认可度，从而吸引学生愿意学、想要学，在一定程度上自觉克服以上问题。

【家校协同共同面对】通过家校协同的方式，将良好学习习惯的养成工作，从学校渗透到家庭教育中，家校合力监督和培养学生的良好学习习惯。

【积极引导爱心关注】教师应该关注每一个学生的具体问题，特别是对于特殊学生更应该耐心引导，建立和谐的师生关系，形成师生间的互相信任，逐步帮助其解决学习中的实际问题。

【面向全体学生，形成良好的班风学风】充分发挥集体的力量，让学生在集体荣誉感的感召下实现自我约束。同时，发挥同伴影响的积极作用，鼓励同伴间的帮助、提醒，使一些问题在同伴互助下得到缓解。

**23. 教学减负增效的措施有哪些？**

措施一：优化课堂——唤醒潜能。以标杆课为抓手，每学期开展教学研讨，优化课堂教学模式，引领学生在体验与实践、感悟与思考中轻松学习。

措施二：师生融洽——乐学好学。营造融洽的师生关系，以教师的人格美魅力感染学生，消除学生紧张情绪，快乐的学习。

措施三：学科融合——突破边界。树立多学科融合的意识，开展学科综合实践活动，打开课堂的边界，能够在课堂教学中运用多种手段与方法之个性化的课堂教学。

措施四：不设围栏——参与践行。充分利用校外各种社会教育资源，为学生的成长创设无限的可能，让学生在社会参与中，体验与实践获得真知，提升技能、开拓视野。如：国博课程、服务性学习、军训、学农、社会体验活动等。

措施五：教师发展——转变观念。加强教师培训机制，提升教师核心素养，转变传统观念，改变课堂教学模式，以新课堂促进学生转变学习方式，学的轻松，学的主动。如：史家讲堂、微论坛、领袖教师、工作室（坊）、青年教师课程等。

措施六：科研促教——提升品质。以科研促教研，把每一个教育教学中的问题梳理聚焦为科研课题，以首师大教师课题研究提升班为依托，促进老师们向学者型教师转变。

措施七：科学测评——回归本真。关注学生成长的历程，以学生个人成长的纵向发展作为评价的依据，给予学生形成性评价。关注学生每一节课的表现，参与的课堂 AB 评价方案等，将评价回归到人的本真，以人的发展为目标进行科学测评。如：乐考、24 点作业收集、注重平时作业的检测等均是关注学生成长，归回本真的一种评价。

措施八：家校协同——陪伴成长。建立家校协同机制，组织开展家校共同承担的课程（"爸爸运动队""妈妈读书会""星期六课程"），让家长陪伴孩子一同成长，关注学生身心健康，而不仅仅是简单的知识的传授。

措施九：个性作业——学有兴致。改变传统的重复性作业为主的教育状态，以个性化作业为切入点，鼓励学生以自己的兴趣爱好为出发点完成真实有效的个性作业，让学生学有兴致。

措施十：校本创新——无限可能。以"和谐＋"为基础，创设史家教育集团的无边界课程体系，不让课程的局限限制学生成长的无限，而要为成长创设无限的可能。

**24. 如何与学生进行有效沟通？**

教师要在沟通中使学生乐于接受积极影响。可以在肯定学生优点的前提下，纠正学生的不当言行或偏颇答案，从而避免学生因犯错造成的胆怯和畏惧心理；也可以与家长或其他教师协作，全方位了解学生，使交流更畅通、更深入。

**25. 如何与家长进行沟通协作？**

（1）要尊重家长，尊重他们的观点，耐心、虚心、诚心地听取家长合理有益的建议。

（2）要肯定孩子，让家长轻松、自信、愉快地面对教师，并主动向教师提出孩子目前存在的不足及期望得到的指点与帮助。

（3）要引导家长客观地认识孩子的优缺点

（4）要指导家长，使其有效地帮助学生。

## 第四部分：集团体卫工作

**26. 集团体育课程体系是什么？**

（1）基础内容：国测类、考核类项目

| | |
|---|---|
| 一、二年级 | 约70%（50课时），田径、体操、武术 |
| 三、四年级 | 约60%（32课时），田径、体操、武术 |
| 五、六年级 | 约50%（27课时），田径、体操、武术 |

（2）专修内容：校本类、大众普及项目

| | |
|---|---|
| 一、二年级 | 约20%（14课时），啦啦操、足球、篮球 |
| 三、四年级 | 约20%（10课时），健美操、足球、篮球 |
| 五、六年级 | 约20%（11课时），健美操、篮球（女）、足球、篮球（男） |

（3）特色内容：新兴小众类项目

| | |
|---|---|
| 一、二年级 | 约10%（8课时），跳皮筋、跆拳道 |
| 三、四年级 | 约20%（12课时），花式篮球、花样跳绳、乒乓球（高部）、游泳 |
| 五、六年级 | 约30%（16课时），花式篮球、花样跳绳、羽毛球（高部）、击剑（高部） |

**27. 集团体卫工作的目标是什么？**

【卫生工作目标】以学校卫生工作条例为纲要，以学生健康成长为目标，通过学科渗透、活动引领、基地干预，各部门齐抓共管、全员共同参与，创造健康育人环境，实现健康史家。

【体育工作目标】认真贯彻"健康第一"的指导思想，按照国家课程方案和课程标准开足开好体育课，落实"每天锻炼一小时"校园体育活动，使学生掌握和应用基本的体育与健康知识、运动技能。建立和完善教学、训练与竞赛体系，大力推进素质教育，注重培养学生的运动兴趣与参与意识，促进学生身心健康发展，形成健康的生活方式和积极进取的生活态度。

**28. 集团实施学生体质健康测试的方法和依据是什么？**

依据《教育部关于印发〈国家学生体质健康标准（2014 年修订）〉的通知》。

【测试方法】

（1）测试项目包括：身高体重、肺活量、坐位体前屈、1 分钟仰卧起坐（三至六年级）、1 分钟跳绳、50 米、50 米 ×8 往返跑（五、六年级）或者400 米进行选择。

（2）利用上课时间进行所有健康测试项目的练习和测试，并记录测试成绩，及时上报。

（3）积极组织多种多样的体育锻炼形式，有计划性地开展体育测验活动，保证学生体育锻炼时间，安排好"两操、一活动"，确保学生的每天一小时体育锻炼时间。

（4）学校加强对学生进行安全教育，在日常体育锻炼、测试中作好安全防范工作。

**29. 集团传染病监控机制是什么？**

（1）做好因病缺勤工作。集团各班主任每天将班级因病缺勤学生信息登记上报集团保健室。

（2）做好晨午检工作。集团各班主任利用晨午检时间认真筛查本班学生是否有发热、皮疹、腹泻、呕吐、黄疸等症状，如有异常及时上报集团保健室。

（3）追踪上报制度。集团保健室每日对因病缺勤及晨午检异常学生信息进行排查、追踪、统计工作。

（4）启动校内应急措施。学校一旦发现传染病，应立即展开校内预警，实施防护措施。

**30. 集团常见传染病的预防原则是什么？**

（1）管理和控制传染源。确诊传染病学生离校居家观察，痊愈后持医院证明和地段保健科证明复课。

（2）切断传播途径。根据疫情分级采取发病班级、班车消毒，停用专业教室、停兴趣班、停课等措施。

（3）保护易感人群。做好各类传染病的预防宣传工作，发病班级学生必要时采取应急接种工作。

**31. 集团学生视力干预工作的具体实施有哪些？**

【健康教育】以"睛睛体验中心"为教育基地进行爱眼护眼宣传，开展爱眼月系列宣传，增强学生保护视力的意识和能力。

【分类干预】一年级做好学生正确握笔及正确坐姿的干预，二年级做好眼保健操的培训工作，高年级开展视力分段管理工作，对边缘视力学生进行干预。

【物质环境】保证教室采光照明，课桌椅匹配，合理使用多媒体教学。

【自我预防】学生每日进行 2 次眼保健操，定时户外活动，消除用眼疲劳。

【全员干预】与班主任、任课老师签订"防近"工作承诺书。

【家校联合】发放家庭自测视力表，开展家庭爱眼日记记录活动。

**32. 集团学生肥胖干预工作的具体实施有哪些？**

【健康教育】丰富"营养月"宣传，提高学生对肥胖的认知，培养学生科学的生活方式和饮食习惯。

【分类建档】对重点学生进行监测，成立"小壮壮训练营"，开具运动处方，进行有针对性训练。

【锻炼保障】保证学校体育课、每日课间操、体育锻炼一小时的开展。

【家校联合】召开学校大型亲子运动会和班级爸爸运动队。

## 33. 集团学生"每天锻炼一小时"活动是什么？

"每天锻炼一小时"活动分为体育课、课间操、大课间、课后体锻、特色体育活动和课后体育330课程六大部分。

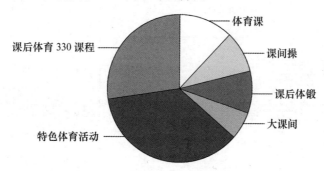

## 34. 集团开展特色体育活动的原则是什么？

【合作性原则】与各级体育部门深度合作、讲究诚信、目标统一，为学生搭建成长平台。

【科学性原则】遵守科学规律，聘请专业人士和教练随着体育科学发展而更新活动内容，并进行个性化的科学指导。

【发展性原则】积极开发前沿体育课程，固化持续性发展性项目，根据学生特点改进活动方式、方法，促进学生发展。

【针对性原则】在实施培养的过程中，根据学生的差异及季节、地域等客观条件，合理确定锻炼内容、选择方法手段和安排运动负荷，使之符合实际需要。

## 35. 集团怎样进行专项运动队学员的选拔？

（1）新一年全面招募（自主报名或体育教师、教练推荐），采用公平、公开、公正的原则，本着运动队与学生双向选择的准则进行招募。

（2）聘请专业教练员，根据不同项目特点要求及学生生理、心理、年龄特点制定不同的考核机制、方式、标准。

（3）择优进行试训，通过试训的队员进行二次双向选择，经双方确认正式入队，并建立成长档案。

（4）根据学生成长发育经历，对队内队员随时进行调整。

**36. 集团学生意外伤害事故的处理原则和流程是什么?**

以"最快处理、紧急救治、减少伤害、减轻痛苦"为原则,通知班主任、家长和主管领导,根据病情送最适合的医院,事后给予最人文的关怀。

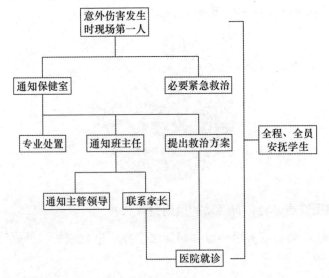

**37. 集团应对极端天气的措施有哪些?**

坚持"以人为本、安全第一、统一有序、快速高效"的原则,积极稳妥地组织全校师生应对极端恶劣天气工作,具体措施如下。

【预防教育】做好极端天气宣传教育工作,包括什么是极端天气、极端天气的防护及安全教育、应急演练。

【应急措施】根据极端天气及时调整体育课地点、体育锻炼方式,保证教育教学工作顺利开展。根据北京市及东城区教委发出极端天气的红色预警,及时采取"停课不停学"的措施。

## 第五部分:教师专业化发展

**38. 史家集团教师专业标准是什么?**

在和谐教育理念的指引下,积极促进教师师德修养、专业素养的发展,提高教书育人的综合能力,引导教师设计自己的职业生涯规划,关注教师职业发展的个性,实现自身的人生价值,享受高品位的教师生活,最终使和谐教育观念真正走进课堂、走进班级,并外化为教师日常的教育教学行为。

## 史家教育集团教师专业标准

| 向　度 | 项　目 | 内容说明 |
|---|---|---|
| 道德素养 | 1. 职业道德 | 遵守教师职业道德规范，关心爱护学生，不歧视、辱骂、体罚学生 |
| | 2. 敬业精神 | 热爱教育工作，具有严谨的治学态度和敬业精神，具有强烈的事业心和责任感，对工作总是一丝不苟，精益求精，爱岗敬业，乐于奉献 |
| | 3. 热爱学生 | 以人为本，教书育人，注重学生的全面发展，在以人为本中落实对孩子真正的热爱，做爱生的典范，恪守师生平等的原则，尊重爱护学生，礼遇学生家长 |
| 文化素养 | 1. 教育教学理论 | 具有基本的教育教学理论知识和现代教育教学理念，了解教育理论（如教育学、教育心理学、教育测量学等），能用科学的态度和工作方法做好教学工作 |
| | 2. 教学专业知识 | 具备扎实的教学专业知识和较为广博的相关学科知识，熟悉各学段专业知识的主要内涵，并能加以合理的衔接，且能与教学专业知识相结合 |
| | 3. 学生心理特征 | 熟悉学生学习的心理和个性特点，能对学生进行学习需求的评估，基于学生身心特质的认识，明确教学目标的设定，以及教学策略与学习辅导策略的运作 |
| 专业素养 | 1. 教学基本功 | 教师要具有良好的身体素质和良好的普通话水平，能合理适时地书写字迹工整的板书，能灵活准确地使用多媒体辅助学科教学；具有学科专业素养；掌握教育学、心理学的知识体系 |
| | 2. 教学设计 | 能正确理解和把握学科课程标准，灵活运用教材，具有一定的学生调研能力和设计学科教学过程、教学活动的能力，能撰写教学设计 |
| | 3. 课堂实施 | 能依据教学设计，运用不同的教学方法与技巧，发挥各教学法的功能，提高课堂实效性。能整合教学资源，运用合理的教学策略，提高学生学习的兴趣及积极性；具有较强的课堂组织能力、调控能力、把握处理课堂生成的能力。关注学生参与教学活动的态度及思维参与的广度、深度、效度 |
| | 4. 评价与监控 | 尊重学生差异，选择多元、合适的评价方式，客观地对学生的学习过程进行评价；具备命题技巧和试题分析能力，并能根据分析结果进行课堂教学反思，制定改进措施，提高教学能力 |
| 科研能力 | 1. 科研意识 | 具有较强的反思意识、创新意识、科研意识，能主动进行研究，并积极参与各项与教学相关的进修、研究活动，进而将研究成果运用于课堂实施 |
| | 2. 科研方法 | 掌握相关的教育科研理论和方法，结合课堂实施进行选题、研究、评价，并形成科研成果 |

### 39. 集团领袖教师的标准是什么?

| 一级指标 | 二级指标 | | 三级指标 |
|---|---|---|---|
| 专业标准 | 教学效应优质 | 课堂教学技艺精湛,教育教学全面育人,保证学生和谐发展 | ①有引领集团教师课堂教学的示范课。②有和谐育人培养目标的案例分享。③有学生24点成长记录的评价展示 |
| | 教育理念领先 | 有广阔的教育视野,教育教学中有自己的认识主张,并且有与主张相契合的教育作品 | ①有体现集团办学目标的理论解读和导读。②有核心素养落实课堂的具体化引领。③有教育教学论文、案例的作品发表 |
| | 师德行为示范 | 为人师表,尊重热爱每一个学生,将职业境界和职业精神融为明确的教育事业目标 | ①各项德育活动有设计,有优质完成的作品。②营建形成班级文化,构建学生的年级社区。③参加各项评优争先,为集团发展增添荣誉 |
| 素养标准 | 持续专业发展 | 基于实践,自觉进行教育理论、教学技艺的学习,对学生阶段性发展的共性和个性有明确的认识,为此创建多样化的学习环境、学习方式、学习内容 | ①为学生构建自主课程,有样例。②策划组织社会实践活动,有效应。③有专业学习的经验分享(教师论坛) |
| | 理念行为调整 | 基于社会、科技、信息化的发展,全面关注学生的阶段性、社会性、可持续发展性,将教育理论自觉转化为教育教学行为,依据数据化的问题解决,指导调整自己的教育实践 | ①学习信息化教育技术、技能,自觉应用到工作中。②收集教学数据进行分类整理和分析,发现问题,有针对性的改进措施。③有改进、调整课堂教学方式的示范课引领 |
| | 协调合作引领 | 明确自己的教育教学行为和学术主张,构建学生、家长、同伴的教育共同体,协助、引领学生、家长、同伴的成长,产生积极的效应 | ①组织、指导教师专业研修(工作坊)②主动进行家校协同的学生教育。③有教育共同体建构的经验分享 |

续表

| 一级指标 | 二级指标 | | 三级指标 |
|---|---|---|---|
| 学术标准 | 教育教学研究 | 基于教育教学自觉进行科学研究，解决实践中的问题，并将成果在教师共同体中推广运用，让学生享受更适切的教育 | ①有基于教育实践的科研课题。②有基于课题研究的成果发布和推广 |
| | 资源运用构建 | 有国际化的教育视野，能够汲取数据化的信息资源，运用分类统计的方法，明确教育发展和专业发展的方向，并将自身的研究成果作为团队的共享资源 | ①积累并提供学生成长的数据经验。②积累并提供课程建设的资源。③将社会资源转化为教育资源，在运用中形成再建设、再积累、再提供 |
| | 形成实践理论 | 在积淀教育教学实践资源的基础上，梳理自己的教育教学主张，形成实践性理论，产生学术影响力和专业领导力 | 自主梳理教育教学经验，进行理论分析、提炼、形成自己的实践性理论，出版个人的教育专著 |

## 40. 集团教师专业发展管理体系是什么？

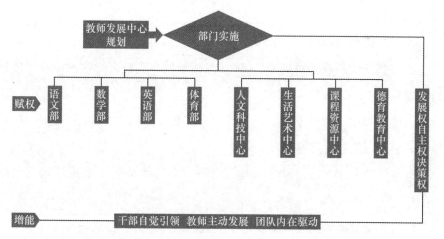

## 41. 教师工作安排的基本准则是什么？

【指导思想】

面向全体学生，为学生全面、和谐、可持续发展提供最优质的教育资源。面向社会发展，办人民满意的教育，为教育的均衡发展，不断擦亮集团品牌，让集团成为资源共享的实践基地。面向全体教师，全面提升教师的专业素养，锻造高品质的教师队伍，在满足社会、学生、学校发展的同时，促进教师的职业发展，提高教师的职业情感和生命质量。

【基本原则】

双向选择的原则：学校依据岗位设置选择教师，教师根据自身情况选择岗位，以服从学校的整体安排为基准。

全面发展的原则：学校、教师、学生共同发展。

以人为本的原则：以学校、学生、教师的发展为出发点和归宿点。

整体协作的原则：要因学校和学生的发展，从整体上构建教师团队。

因材任教的原则：尊重教师的个性发展和独特才能，注重发挥不同教师的不同作用，使每个人的才能和个性得到积极的发展，促进学校和学生的全面发展。

【实施准则】

从集团的整体需要出发，按照课程的设置，设置教师的工作岗位和工作量。学科教师的标准工作量如下：

（1）语文、数学教师任一个班的课兼任班主任，或任两个班的课不做班主任。

（2）英语教师每周14～16课时。

（3）科任学科教师每周18课时（包括器材、实验室的管理，或者体操的管理）。

一般教师按照两个学段进行工作循环，即1～3、4～6。原则上一位教师对一个班的任教时间不超过三年。

班主任的工作，如无异常情况，原则上一位教师对一个班的管理不低于两年。

临时变动教师的岗位，集团给予明确理由，教师要服从安排。

**42. 如何制定教研组教研计划?**

教研组长制定教研计划要做到"五确定"：定目标、定时间、定内容、定形式、定步骤。

【定目标】结合集团课程改革、重点科研课题、教学任务及核心素养，从学生学习需求、教师发展需要的角度确定教研目标。

【定时间】依据集团计划确定教研时间，全学期不少于 8 次。

【定形式】选择集体备课、案例反思、学术沙龙和教学访谈等类型的教研活动形式，加以整合。

【定内容】包括师德师风、管理制度、学期进度、教学科研、教学设计、作业形式、检测评价、基本功培训等。

【定步骤】主讲准备——集体讨论——个性化设计与实施——集体交流反馈。

**43. 教师如何做个人的教研（教学）计划？**

个人教研（教学）计划包括指导思想、教材分析、学情分析、教学重难点、教学进度、提升教学质量的措施、研究方向（写一篇文）、研究课内容（上一节课）、学业评价等。

**44. 教师如何协助同伴工作？**

教师协助同伴工作应确保时间，立足于同伴存在的问题和实际需求，真诚对话，交流信息，共享经验，深度讨论，给予全方位支持，解决实际问题，促进同伴成长。

**45. 教研活动的管理机制有哪些？**

教研活动的评价将坚持过程性评价和终结性评价并重的策略，全面、客观、公正地评价，建立荣点机制、流动机制、协同机制、复盘机制。

【荣点机制】通过授予教师荣誉、给予老师多种多样的学习机会及展示舞台，使教师体会到集团给予的认同感及实现自我价值的机会，使其感受到作为史家教师的荣耀，从而更有效地激励教师不断进步，打造优质教师，传递优质教育。

【流动机制】依托集团内部资源流动，促进义务教育动态均衡发展。坚持三个原则：一是有利于集团内资源均衡配置；二是有利于教师队伍、干部队伍的专业成长；三是有利于调动学生和教师的积极性。积极推动基于学生、教师、干部的基础流动和基于思想、资源、项目的深度流动，帮助集团优化内部资源，由具备优质资源的校区带动其他校区共同发展。

【协同机制】各中心领导负责统一整个集团的治学理念、管理标准和管理制度。同时，各个校区保留自身特色。各中心、各部门既可横向开展教研，又可纵向开展教研。

【复盘机制】以"复盘"机制推动管理闭环的形成，主要环节见下图。

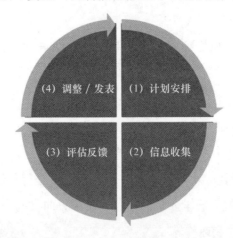

### 46. 课后反思"思"什么？

教学反思是教师对自己的教学活动过程、课堂教学实践、学生课堂表现等作为思考对象而进行深入、冷静的思考和总结，对课堂结果进行审视和分析的过程。

思成功：善总结，多调整，成特色。每一堂课的设计或者实施总会有满意、成功的地方，如教学目标的达成、教学方法的创新、教学特点的凸显、教材重点的解读、双边活动的开展、突发事件的应对、课堂灵感的迸发等方面的创造性实践。

思失误：依目标，找原因，补不足。教学过程是一个"遗憾的美"，因此，教师要及时发现和思考造成失败的原因，寻找症结所在及解决方案。

思疑惑：探根源，拓思路，成习惯。这里的"疑"包括两个方面：一方面来自于学生的疑点，另一方面来自于自己在备课中忽视而又把握不准的问题。

思评价：知标准，明目标，促成长。课堂评价方案是每个学科课堂教学是否成功的评判标准，因此，教师应该根据本学科的课堂评价指标进行课后反思，也可以根据集团的 AB 评价表，进行关于学生课堂表现的反思。教师根据反思结果，调整教学设计。

### 47. 教师外出学习的一般规定有哪些？

（1）因公外出学习须持有通知、文件，报请分管领导和校长批准，办理请假手续，安排调课或代课、代班，做好交接工作。

（2）严格遵守培训单位的活动安排，仪表端庄，举止文明，认真学习，做好笔记，积极参与。

（3）学习后需将学习情况按要求向相关部门汇报，带回的书籍、光盘等资料，上交学校登记备案。

## 第六部分：班主任和德育工作

**48. 集团班主任工作的组织管理体系是什么？**

集团班主任工作隶属集团学生发展中心德育部，各校区班主任工作管理由各校区的德育主管按照集团指示统筹管理，实现工作一体化。

**49. 班主任工作职责是什么？**

第一，认真落实"立德树人"根本任务，培育和践行社会主义核心价值观，贯彻集团办学理念，将"给成长无限可能"的课程理念落实到日常的教育教学过程中。

第二，做好学生一日常规习惯的养成工作，在工作中始终关注每一个学生的身心健康发展。

第三，做好班级管理和文化建设，组织学生开展丰富多彩的班级活动，打造积极向上的班级氛围。

第四，加强与各学科教师的联系，全方位了解学生，对学生做出积极评价。

第五，努力做好家校协同工作，争取家长的教育支持，共同助力学生健康成长。

**50. 班主任工作的评价标准是什么？**

第一，有良好的师德师风，廉洁从教。

第二，热爱每个学生，能够给予公平、公正、全方位的积极评价，关心学生身心健康，促其阳光成长。

第三，重视班级管理与文化建设，营造良好班风，努力构建尊师守纪、文明有礼、勤奋好学、凝聚力强的班集体。

第四，加强学科教师间及家校间的沟通协作，组织学生开展丰富多彩的教育活动，打造特色班级，得到学生、家长与各学科教师的普遍认可。

第五，加强自身学习，对教育工作有情怀、有思考。

## 51. 班主任如何制定班规?

【制定班规的原则】

民主性：以尊重本班学生意愿为前提，得到教师与同学们的认同与支持，共同商议后，请班主任及教师同时遵从班规内容。

可行性：让学生乐于遵从，体现班规的指导性。

特色性：班规内容要有班级特色，语言简练，便于记忆。

发展性：强化正确引领，可以根据学生心理年龄特点和班级发展适时对班规进行调整。

【制定班规的基本步骤】

（1）教师、学生一起学习社会主义核心价值观、《中小学学生守则》及《史家小学一日常规要求》，以此为前提制定班规。

（2）依据本班实际情况，班主任组织学生进行讨论，每项规则都要经过大多数学生的认可。

（3）形成班级的个性化班规条例，并将班规打印张贴在教室明显地方，通晓全班每个学生及任课教师，依照执行。

## 52. 如何建立各级家委会?

学校建立"班级、年级、校级"三级家委会的步骤如下。

【班级家委会】

（1）组织召开家长会，向全体家长明确《史家小学家委会章程》，明确家委会的权利义务、产生方式和工作流程，特别是班级家委会的工作职责。

（2）班主任组织家长通过无记名投票选举、家长自荐、家长推荐、班主任推荐等方式推选出本班 5 名家长代表组成班级家委会，并推荐 1 名家长作为家委会负责人。

【年级家委会】

年级家委会由班级家委会负责人组成，年级家委会成员投票选出年级家委会负责人 1 人。

【校级家委会】

（1）校级家委会首先由各年级家委会负责人组成，也可在年级推选、学校推荐的基础上补充校级家委会特邀成员。

（2）校级家委会负责人的候选人名单由学校提出后，经校级家委会表决通过。

【家委会工作】

三级家委会建立后，由各班主任、各年级主任、学校校级行政干部分别组织各级家委会开会，制定相关制度、建立组织架构、进行任务分工，定期召开计划会、工作推进会、总结会等。

**53. 教师如何策划组织班会？**

策划和组织班会要根据学生的思想动态，结合时代特征、学生年龄特点，有针对性地确定、策划班会主题，选择适当的组织形式并加以实施，体现组织性、自主性、实效性、目的性。

主题确定可以从以下几方面考虑：

第一，学校本学期或本学年的中心任务。

第二，本班学生学习生活的实际情况。

第三，偶发事件或社会上的热点问题。

第四，特色课程学习、传统节日等。

以上内容均可作为班会的主题，可由学生自主选择或与家长一同商量。

**54. 教师如何策划组织少先队队会？**

少先队队会要体现思想教育原则，所涉及的知识、信息，包括采用的各种教育形式和手段，均要对少年儿童的思想起到引领。

队会要体现儿童主题原则，要充分尊重儿童的参与权，相信儿童、发挥儿童的主动性、积极性，引导儿童能够自主地参与到活动中，主动形成自己对党和社会主义祖国的认识和朴素情感。队会要体现快乐体验原则，要遵循少年儿童年龄特点，用多种激励性的教学方法，多种活动形式，积极满足少年儿童兴趣和爱好，重视儿童的快乐体验和感受的实效性，在玩中加强少先队教育。

【队会的教育内容】

（1）爱党、爱社会主义祖国的朴素感情培养。

（2）理想志向教育和组织意识教育。

（3）以集体主义为基础的道德品质和行为规范教育。

（4）中国特色社会主义方向的社会认知教育。

（5）积极向上、勇于创造的心理素质培养。

【队会仪式】

整队报告人数——出旗敬礼——唱队歌——宣布队会开始——队会活动——中队辅导员讲话——呼号——退旗敬礼——宣布队会结束。

**55. 开展校内外班级活动申报审批程序是什么？**

课余时间使用学校场地，含本班教室的，应按以下流程申报。

| 撰写申请 | • 至少提前两周撰写申请，包括活动主题、内容、时间、地点、人数、制定安全预案<br>• 如震使用校内场馆，需与相关负责人沟通确定后，填写校内场馆申请书 |
| --- | --- |
| 递交申请 | • 向相关部门提交申请，部门负责人签字确认，德育部、后勤安保部门，场馆负责部门 |
| 开展活动 | • 审批后，方可正式开展活动 |

组织校外活动的申报程序如下：

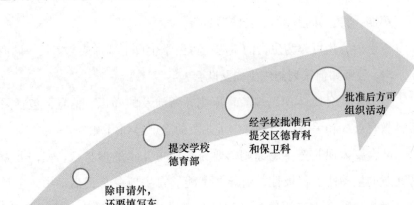

至少提前两周撰写申请，包括活动主题、内容、时间、地点、人数、制定案例预案

除申请外，还要填写东城区外出申请表

提交学校德育部

经学校批准后提交区德育科和保卫科

批准后方可组织活动

备注：
（1）活动用车需使用校车或正规运营公司车辆，如需用车，需上报学校后勤安保部门统一调度安排
（2）未经批准或虽经批准但未落实安全措施而发生的安全问题，由活动的组织者负责

**56. 班级管理中的"特殊学生"怎么办？**

在工作中做到：第一，倾注师爱，培养自尊自信；第二，因材施教，加强个别辅导；第三，创设机会，提供成功体验；第四，给予鼓励，指明努力方向；第五，心理干预，培育健全人格；第六，家校协同，助力健康成长。

### 57. 新任班主任需要做好哪些准备工作？

【自身的准备】

（1）了解集团各校区环境，特别是对本班学生课间的活动区域及科任课上课线路了然于胸。从前任班主任处了解以往开展的特色班级活动，力争让教育有延续性。同时，了解班级整体情况及家校合作情况。

（2）认真学习《班主任职责》《史家小学一日常规要求》和学校工作计划等相关文件；了解学校德育工作计划，结合自己的教育方式和班级学生特点，预设本学年的班级工作计划。

【了解学生情况】

（1）通过翻看联系册、学籍卡，初步了解学生和家长情况。

（2）通过与前任班主任或家长沟通，了解学生身体情况，掌握因身体原因需特殊关注的相关问题。

【主动家校沟通】

开学前或开学初，与学生家长取得联系，可以建立班级微信群或注册微博，便于及时进行家校沟通，以及传达学校重要通知。

注：建群之初先要和家长明确"群规"。特别强调：第一，班级微信群主要用于传递学校通知和活动情况，不说与学校、学生无关的话题；第二，如果个人有问题，要与教师私信进行沟通，不要在群里占用公共空间。

【精心设计几个"第一次"】

在"第一次与学生见面的开场白""第一次与学生接触（多指返校日）的活动""第一次在班级群中与家长进行沟通""第一次召开家长会"等工作的精心设计中，既向家长和学生展现教师个人的素养，也明确提出教师的教育思想与相关要求。

【师德禁忌】

在与学生和家长接触的过程中，要时刻坚守师德底线，不收受馈赠、礼金、票券、购物卡等，也不变相要求家长利用职务之便为自己或家人办事。

**58. 一年级班主任的必要准备有哪些?**

第一，一年级班主任要对幼小衔接的特点有了解，为新生入学后的在校生活做好各方面的充分准备。学点技巧，事半功倍。

给自己准备一些务实的小技巧也能够在一年级的教育教学中起到事半功倍的效果。比如，准备几首会唱的儿歌，这对创造轻松的课堂氛围很重要；准备几首古典轻音乐，课堂上或者课间让孩子在接受音乐熏陶的同时学会聆听，也是一举两得的事情；准备一两套活泼而有节奏的课中操，和孩子一起放松肢体，享受和谐韵律带给身心的愉悦；练习一些常见动物和人物的简笔画和手工剪纸，这会让孩子对你刮目相看；学会一些儿童的简单游戏并参与其中，既让你的心态年轻又让你可以轻松消除和孩子之间的距离。如果你拥有其他的诸如音乐、体育、舞蹈方面的技能，千万不要忘了找机会在孩子们面前秀一秀，要知道技多不压身，拥有其中的一项技能也许就可以增加你在孩子中的人气。

第二，对入学阶段学生的心理特点及生理需求有了解，掌握一定的儿童心理学知识。

(1) 用心发现，欣赏激励。

欣赏和鼓励永远是老师面对孩子的法宝。你要有足够的耐心去充满希望的等待，所以，面对不同孩子我们都要设法找到可以欣赏和夸奖的地方，千万不要用虚假的"你真棒""你真乖"这样的语句来应付孩子，而要把夸奖落实到具体的语言、行为、状态中，要让孩子充分感受到你的真诚和期许，让孩子从中汲取前进的力量。另一方面，我们一定要记住一条原则（尽管这条原则实际做起来会非常难，以至于我们都可能违背过），这就是"永远记住不要当着全班孩子的面严厉批评指责某一个孩子"。批评的时候，尽量让自己先心平气和起来，要知道我们主要是要帮助孩子分析和认识自身的问题，并不是要把我们的愤怒传递给他。表扬孩子要在全班进行而且要落到具体行为，批评孩子尽量私下进行，但是要做到先批评后表扬，让孩子看到希望。

(2) 调整心态，积极暗示。

首先要让自己尽快做好心理调整，用真诚友善的态度面对刚刚踏进小学校园的孩子。一些教师不愿意带一年级无非因为带一年级往往"既费马达又费电"，老师耗费了很多精力却可能效果并不理想。其实带一年级最重要的就是要有足够的耐心，不要急于求成，孩子毕竟刚刚踏入小学，还不太能够听得懂老师的指示，这就需要我们能够用宽容的心态去面对，相信孩子会一天天变得更符合自己的预期。从另一个方面来看，从一年级往上带的老师往往会获得更多的成就感，而中途接班的老师总会有"后妈难当"的感慨，往往需要很长的时间来磨合。每一个孩子都是上帝馈赠的"天使"，每天进校门的时候告诉自己要保持积极的状态，行动改变心态，与其抱怨的过劳累而沮丧的一天，不如愉悦地过辛苦而积极的一天。只要你用心去和孩子相处，用心去发现孩子的美好，你的生活总会充满意想不到的惊喜。

第三，与家长沟通，掌握所教学生的具体情况。

【家访调查，有的放矢】

为了在以后的教育教学中能够做到知己知彼，让日常管理进入良性循环，调查研究是一项必不可少的内容。适时家访很必要，家访的重要性不是随着时代的前进而变得无足轻重，反而愈加重要。通过家访，我们要迅速观察并了解孩子的家庭情况、父母的职业和收入、父母的受教育情况、孩子在幼儿园的情况、孩子在家里的一贯表现、家庭的亲属关系、孩子的身体状况等重要信息。不同的家庭，以上的信息会很不一样，他们对于教育的认识和对孩子学校教育的重视支持程度也会很不一样。

由于现代信息技术的发达，家访可运用电话、短信、微信等方式。

**59. 副班主任的职责有哪些？**

副班主任要全力配合班主任，共同教育管理学生，做到以下几点。

第一，认真落实集团办学理念，将"立德树人""给成长无限可能"等要求落实到日常的教育教学过程中。

第二，了解《史家小学一日常规要求》及班级日常要求，与班主任一同做好学生一日常规习惯的养成，关注每一个学生的身心健康发展。

第三，配合班主任做好班级管理和文化建设，协同组织开展班级活动，努力打造积极向上的班集体。

第四，加强与班主任、家长之间的联系，全方位了解学生、评价学生。

第五，每周独立完成一次学生早餐早读的管理、一次课间操看操、一次广播管理，每周完成午餐分发、午休看管各两次。

第六，班主任不在的情况下，副班主任作为班级的第一责任人，全权管理班级。

**60. 学科教师如何与班主任相互协作解决问题？**

明确各自职责，相互尊重，相互配合，相互补台，有效沟通，各尽其责。

【课前】学科教师应了解班级整体状况，特别是班中"特殊儿童"，有的放矢，因材施教，避免出现教师与学生之间的"不和谐"。

【课中】学科教师应保证自己课堂上的教育教学秩序，当学生在课上出现一般违纪行为时，任课教师首先要有责任担当，力争自己处理。当学生在课上有严重违纪行为并影响教师正常教学时，任课教师首先要考虑不能影响其他学生上课，可以采取淡化处理的方式，暂时"搁置"起来，先集中全班注意力使教学正常进行。如遇特殊情况或者棘手问题，需要班主任配合教育的，也要两人共同商讨对策，形成解决方案，始终保持教育理念、方式方法的同步一致。

【课后】课后及时与班主任沟通，以便班主任更全面地了解本班学生，切忌一出现问题就简单地直接交予班主任处理。如遇突发事件，真正需要班主任及时出面的，可让学生班干部请班主任到达现场协助解决。

**61. 家长会前班主任需要做哪些准备？**

根据学校家长会主题，确定内容及形式，以多种形式展示和谐向上的班级文化，家长会当天穿职业装，讲话专业真诚。家长会当天做好班级卫生。

家长会之前一定要围绕以下几方面做好发言准备。

第一，要结合学校的教育理念阐述自己的教育观点。

第二，介绍班级情况，以表扬鼓励为主，切忌点名批评。

第三，不回避问题，但只说普遍问题，个别问题会后单独沟通；谈及问题时教师最好能提出合理的解决方案，给家长以引领。

第四，协调各学科教师与家长的沟通工作。

**62. 现在还需要家访吗？**

随着社会的发展，家校沟通方式也呈现出信息化、多样化的特点。家访作为传统的家校沟通方式，能够使学生、教师和家长面对面地充分沟通、相互交流、碰撞心灵、融洽情感。在日常工作中，可以采用多种方式进行沟通（如微信、微博等）。遇到特殊情况，如新接班、学生有进步或转变、学生或家庭出现问题等，需要家校通力配合时，经与家长沟通，可以进行家访。

**63. 学生需要哪些方面的安全教育？**

班主任的安全教育工作包括：遵守规则的教育、自我保护的教育、心理健康教育、习惯养成教育、应对自然灾害和意外伤害的教育等。

校外安全教育则以安全自护教育为主，如居家安全、交通安全、饮食安全、参观游览安全、预防人身伤害等。

**64. 管理学生能进行奖惩吗？**

管理学生应以鼓励为主，出现问题时以批评教育为主，问题严重时可以有适当适度的惩罚。奖励时，应积极正面，用多种方式进行奖励，但应该避免物质奖励；惩罚时需避免出现体罚和变相体罚，在进行必要的惩罚时，建议与家长有效沟通，争取家长的支持配合及学生的理解。不论是奖励还是惩罚，都应基于培养学生形成正确的价值观、人生观。

**65. 什么是体罚和变相体罚？**

体罚是一种简单、粗暴的惩罚方式，是通过给学生造成肉体上的痛苦，以此对犯错误的学生进行惩戒。我国现行法律明文规定废除体罚和变相体罚，如《教育法》规定"禁止体罚学生"，《教师法》规定"体罚学生……情节严重，构成犯罪的，依法追究刑事责任"。教师对学生进行身体的暴力侵犯，如打耳光、脚踢、罚跪等行为即为体罚，这类的体罚侵害了学生的生命健康权、人格尊严权，是一种严重的违法行为。不仅如此，在教育学生过程中出现推搡、拉拽等激烈的肢体接触也属体罚。

变相体罚是教育工作者没有对学生进行肢体接触，而用语言、罚站、罚抄等行为戕害学生心灵，侮辱学生人格的惩戒方式。变相体罚具有一定的隐蔽性，但是对于儿童的伤害是巨大的。

**66. 批评学生的禁忌语言有哪些?**

禁忌语言本质上触及了师德的底线，会伤害儿童的心灵。凡是带有侮辱、贬损、压制、恐吓、讽刺、威胁等含义的语言都是禁忌语言。

**67. 少先队辅导员的职责是什么?**

(1) 具有坚定的共产主义信仰，热爱少先队教育事业，努力培养社会主义的合格建设者和可靠接班人。

(2) 围绕党的中心工作、上级有关少先队的工作指示精神和学校办学思想，制定相应的少先队工作计划，开展好各项少先队工作，做好期末总结。

(3) 随时了解和掌握少先队工作和少年儿童的思想、学习、身体成长状况，及时与学校有关部门协商解决工作中存在的问题。

(4) 根据少先队员实际情况，有针对性、实效性地组织开展生动活泼的系列教育活动。

(5) 定期召开和参与少先队辅导员会议，学习少先队工作文件精神，落实少先队工作，积极参与少先队工作研究、论文撰写、成果分享。

(6) 建立健全的少先队组织及特色少先队社团，做好队干部培养，定期召开队干部会议。组织并参与各种少先队评优活动，树立少先队员榜样，建立良好的少先队集体风气，执行少先队的奖惩制度。

(7) 加强少先队的文化建设，主动向学校、家长和社会宣传少先队的性质、任务和作用，争取广泛的支持和帮助。

**68. 少先队干部怎样选举产生?**

少先队小干部的评选要严格依照《中国少年先锋队章程》自荐、推荐、民主选举产生，原则上大、中队委一年选举一次，小队长半年选举一次。大队和中队委员会可以根据工作需要，设队长、副队长、旗手和学习、劳动、文娱、体育、组织、宣传等委员。

在少先队干部选举过程中，辅导员应鼓励更多的学生积极参与，争取机会为大家服务。切忌辅导员直接指定产生小干部，且辅导员无权撤销已当选干部，如小干部确实出现重大问题，辅导员需召开队会或中队委员会进行集体讨论和决议。

### 69. 什么是班级社区？

班级社区就是不同年级相同班号的几个班组成的一个班级共同体，共同开展活动。例如，一至六年级的（1）班，6个班级形成了"一班班级社区"。

### 70. 开展班级社区活动要注意什么？

班级社区开展活动要突出"大手拉小手"的形式，内容可以涉及各种学科学习、公益服务和社会实践。活动前的策划和筹备要体现出社区班级中同学们的自主与沟通，活动中要体现出团结协作、互帮互助，活动后的总结反思要体现出互学互促、共同进步。开展班级社区活动应借助教师、家长或社会资源，为社区班级中的同学们提供平台和辅导，达到资源共享、共同成长的目的。

### 71. 家委会的职责有什么？

【班级家委会工作职责】

（1）班级家委会实行会长负责制，班级家委会会长在班主任领导下负责组织协调班级内部工作。

（2）班级家委会要了解和听取家长们对学校或班级工作的建议和意见，及时向上级家委会或班级老师反映，搭建班级学生家长与班级各科老师之间的沟通桥梁，创造良好的合作氛围。

（3）班级家委会应密切关注本班级家长关注的焦点事件，积极协调解决各种问题和矛盾。

（4）班级家委会要有计划、有组织、有记录地开展工作，每学期召开至少一次全体家长会议并向班级家长汇报本学期家委会工作情况。

（5）班级家委会要主动与年级家委会保持沟通，积极落实年级、校级家委会各项工作安排，以及配合开展各类活动等。

【年级家委会工作职责】

（1）年级家委会工作实行会长负责制，年级家委会会长在年级组长领导下负责组织协调年级内部工作。

（2）年级家委会紧密联系各班级家委会委员，搭建畅通的沟通渠道，创造良好的合作基础。

（3）年级家委会密切关注各班级的焦点事件和动态，积极宣传正向事件，及时处理问题。

（4）年级家委会须有方向、有目的、有记录地开展工作，每学期初、期末应当分别会同学年组长召开年级家长委员会全体会议，协商、讨论或审议通过本学期年级家委会工作计划或总结报告。

（5）年级家委会要主动与班级家委会、校级家委会保持沟通、紧密合作，配合保障完成校级家委会各类职能工作。

【校级家委会职责】

（1）校级家委会设会长1名，会长在学校办公室领导下统筹管理学校家委会日常事务。

（2）校级家委会下设三个职能部门。面对某项具体工作，各职能部门负责召集某一专业领域的家长群体成立临时工作小组。具体职责如下。

【教育支持部】

（1）组建家长课程开发小组，对校本课程的开发建言献策、监督评价、反馈并提供服务。

（2）组建专家家长教学小组，根据家长特长、专业和职业进行安排，请家长进行授课。

（3）组建专家家长科研小组，开展专题调研，促进学生健康快乐成长。

【活动策划部】

（1）参与学校组织的大型活动的筹备工作，如开学典礼、毕业典礼、节庆活动。

（2）及时了解、反映家长需求，与学校联合举办家长论坛、家长经验交流会等家长教育活动。

（3）组织开展各种形式的学生校外实践活动。

【宣传推广部】

（1）收集、整理家委会内部资料，包括计划、总结、各类活动资料等。

（2）向家长、社会宣传学校和谐教育理念和办学实践；向家长及老师展示家校共建、家校共育活动的丰硕成果，营造家校协同的良好氛围。

（3）定期听取家长意见和建议，积极沟通，协调学校与家庭的关系。

## 第七部分：教科研工作

### 72. 常规的教科研优秀成果评选有哪些？

| 征集单位 | 时　间 | 备　注 |
|---|---|---|
| 北京市中青会论文评审 | 3 月、9 月，一年两次 | 2016 年开始网上申报 |
| "京美杯"论文评审 | 5 月，一年一次 | |
| "智慧教师"论文评审 | 4 月，一年一次 | |
| 东城区教科研论文评审 | 9 月，一年一次 | |
| 北京市教育科研成果评审 | 三年一评 | 依托结题课题参与 |
| 东城区教育科研成果评审 | 三年一评 | 依托结题课题参与 |

### 73. 教师如何选择科研课题？

按照每年各级科研课题管理部门下发的课题指南，建议从指南中选择和自身联系紧密的类别，选题应把眼光瞄准急需解决的问题，从教育教学工作实际出发"小题大做""小题实做"，解决教育教学的现实问题。

### 74. 教师怎样申报课题立项？

一看：按照每年各级科研课题管理部门下发的课题指南选定类别。

二查：查阅文献做好文献综述，对准备研究的问题知道该问题的研究现状和水平。

三写：完成课题申请报告，按照要求整理好材料交到教科室。

### 75. 教师怎样做好课题的开题？

【开题准备】开题报告，明确研究问题、研究内容、研究方法、预期研究成果。

【开题形式】会议开题或通讯开题。

【具体要求】

（1）聘请评审专家；

（2）准备好开题报告和演示文稿；

（3）进行开题陈述；

（4）听取评审专家意见；

（5）按照专家意见进行开题报告的修订。

### 76. 教师怎样准备课题的结题？

【准备工作】撰写结题报告、研究过程的阶段内容、相应的研究成果。在正规期刊上做好成果的发表。

【结题方式】会议结题或通讯结题。

【具体要求】

（1）按照课题管理部门的要求准备结题内容；

（2）对照开题报告逐项自查准备结题报告；

（3）分类整理课题材料，撰写研究报告，主要是研究过程和阶段工作的总结；

（4）聘请评审专家；

（5）提交所有结题材料和结题申请表。

### 77. 教师微论坛包括什么？

| 课题研究类 | 实践经验类 | 教案例分析 |
|---|---|---|
| • 课题开题<br>• 结题宣讲<br>• 课题成果推广 | • 优秀实践经验宣讲 | • 优秀教学设计展示<br>• 优秀课例宣讲 |

### 78. 教育教学案例分析的基本体例是什么？

教育教学案例基本体例包括：案例背景、案例描述、案例分析和案例反思等部分。

【案例背景】简要介绍案例发生的时间、地点、人物等基本情况，交代教学案例研究的方法与主题。

【案例描述】是案例的主要部分，主要是描述课堂教学活动的情景，即把课堂教学过程或其中的某一个片段像讲故事一样具体生动地描述出来，具体的描述形式可以是一连串问答式的对话，也可以用一种有趣的、引人入胜的方式来进行故事化叙述。围绕主题并凸显问题的焦点。

【案例分析】是教学案例的关键，主要是运用教育理论对案例作多角度的解读，案例分析的内容可以是对描述的情景谈一些自己的思考或用理论进行阐释，也可以围绕问题展开分析。

【案例反思】是对案例分析的概括、提炼、归纳，梳理问题和得失，便于后续的再研究、再调整、再实施。

**79. 教师做教育教学叙事的意义是什么？**

教育教学叙事记录与反思，把作为叙事者的教师自身的思维触角引向自我教育生活的深层，使看似平淡的日常教育生活显现其并不平凡的教育意义。促使教师把实践工作中司空见惯的幽微细节重新审视，聚焦真实的现象，归纳背后的原因，揭示蕴含的教育教学规律，寻找解决问题的对策。使教师成为教育教学问题的研究主体，积累丰富、丰实的教育资源，逐步梳理、形成自己的教育教学的主张和成果，促进教师的专业发展。

**80. 撰写教育教学论文的一般体例是什么？**

一般讲，一篇教育教学论文由以下六个部分构成。

| 论文结构 | 具体要求 |
|---|---|
| 题目 | 一句话点明作者所要研究的问题及采用的研究方法 |
| 署名 | 题目下面署上作者姓名和工作单位，以示文责自负 |
| 引论 | 这是一篇论文的前言。交代清楚本课题研究的目的、意义、前人的研究状况，以及本课题研究所要解决的问题。文字力求简明扼要 |
| 主论 | （1）研究方法。写清楚研究对象的情况，研究对象的年龄、性别、选取的方式、样本容量、控制条件、调查项目或相关因素、研究结果的检验方式、具体操作步骤等。<br>（2）研究结果与分析。<br>（3）讨论。在对研究结果进行分析后，进行理论分析，对研究方法的科学性与局限性，研究成果的可靠程度与适用范围等作进一步阐述 |
| 结论 | 这是对整个研究工作的小结，简要归纳所获得的成果或观点，也可以提出今后进一步研究的问题、方向 |
| 引文或参考文献 | 任何科学研究活动都是在前人研究的基础上前进和发展的，教育科学研究也不例外 |

**81. 撰写结题报告的一般体例是什么？**

结题报告一般包括以下九个部分。

| 部分 | 要求 | 备注 |
|---|---|---|
| 报告标题 | 课题名称＋结题报告 | 标注课题号 |
| 作者署名 | 单位＋姓名（负责人或负责人和撰写人） | 在标题下面 |

续表

| 部分 | 要求 | 备注 |
|---|---|---|
| 内容提要 | 主要观点、内容 | 超过 4000 字的就要写内容摘要 |
| 问题提出 | 1. 意义（重要性和必要性，是对研究方案中的研究意义部分的深化）；<br>2. 理论依据、前人研究综述（包括研究方案中前人研究综述及立项后又看到过的同类课题研究成果） | |
| 研究过程 | 简单介绍研究经过、方法、步骤 | 结题报告中的研究过程是实际做的 |
| 结果分析 | 摆事实，讲道理，对研究内容进行分析。<br>这一部分是结题报告的主体部分，应按原来设计的内容，分几个部分把自己已经做的工作加以描述分析出来，包括研究后得到什么启发、得出什么规律性的认识等 | 有数据分析、案例分析等 |
| 问题及后续研究建议 | 研究的特点，今后努力的方向。在充分肯定自己课题研究成果的基础上，看看还存在什么问题 | |
| 参考文献 | 引用（注释），参考他人的成果 | 引用他人成果的，要注明谁的文章、哪一年、哪一篇文章、第几页 |
| 附录 | 不便列入正文的原始材料等 | 一些原始材料，包括调查问卷、统计数据、典型案例、照片等 |

## 第八部分：教师工作室、工作坊

### 82. 什么是集团教师工作坊？

集团教师工作坊是由集团各校区具有特级教师、北京市学科带头人、北京市骨干教师、"紫禁杯"班主任特等荣誉称号的优秀教师及在某一学科成绩突出、特色鲜明的教师担任主持人，由各校区若干骨干教师和乐于钻研、善于学习、能够承担相应职责任务的教师及有发展前景的青年教师组成，集教研、科研、培训于一体，旨在促进教师专业化发展的研修组织。

工作坊研修体现跨校区联动式研修、导师制研修、主题式研修、团队合作研修等特色。

### 83. 工作坊坊主的职责是什么?

(1) 制订工作坊发展规划、研究项目、实施方案。

(2) 制定成员学习计划。

(3) 组织工作坊开展课堂教学、教研活动、课题研究、专家指导等工作。

(4) 完成对学员的考核、评价工作。

(5) 做好工作坊的总结工作。

### 84. 怎样确定工作坊的成员?

工作坊成员一般应具备如下条件。

(1) 热爱教育事业,具备良好的师德师风及较强的团队合作精神。

(2) 区级骨干教师或东城区"东兴杯"教学大赛一等奖获得者。

(3) 乐于钻研、善于学习,能够承担相应职责任务的教师。

(4) 具有发展前景的青年教师。

### 85. 工作坊的管理制度有哪些?

【会议制度】每学期召开一次工作坊计划会议、一次阶段性工作情况交流会议和一次工作坊总结会议。

【学习制度】成员要不断学习教育理论,研究新课标、新课程、新教法,不断改进教学方法,总结交流教研活动经验,不断探索教育教学规律。围绕科研课题、课堂教学每月进行一次集体教研、交流活动,坚持自觉学习和自觉反思,并做好学习活动记录。

【交流制度】主持人、成员之间或各个工作坊之间进行课堂教学、专题研讨的交流,分享教师教育教学工作经验。

【档案管理制度】工作室计划、总结、听评课记录、相关教案、教学设计、课例、讲座、报告、论文、活动记录等材料,以学期为单位进行收集和归档,为工作坊促进教师发展提供依据。

## 第九部分：330 课程

### 86. 为什么要开设 330 课程？

北京市教委在 2014 年颁布了《关于在义务教育阶段推行中小学生课外活动计划的通知》，要求各区县、学校可在星期一至星期五 15：30 ~ 17：00 的课外活动时间安排活动，每周不少于 3 天，每天不低于 1 小时。此举旨在减轻中小学生课业负担，满足学生全面发展和个性化需求，全面提升北京市中小学生综合素质。

通知要求，课外活动安排应形式多样、丰富多彩。活动内容与形式应与课程方案设置、学生综合实践活动及"每天锻炼一小时"有机结合。

作为学校教育的主要实施者，每一位教师都有责任为丰富学生课程学习、提升学生学科素养、补充学科综合内容而开设 330 课程。每一位教师可以根据个人的兴趣爱好及特点，开设有利于学生全面素质发展的特色课程，为培养学生的综合素养做出积极探索。

### 87. 教师如何申报 330 课程？

每学期初，教师采取自主申报方式，在规定时间内向本学科的主管进行课程申报。

填写申报信息：课程名称、课程目标、适合选课的学生年龄段及人数限制等相关信息，由学校统筹安排组织学生报名和开课时间、地点。

**330 课程申报统计表**

| 课程名称 | 授课教师 | 活动地点 | 招收学生年级 | 招收学生数 | 是否自招学生 | 是否有外聘教师（姓名、身份证号） |
|---|---|---|---|---|---|---|
|  |  |  |  |  |  |  |
|  |  |  |  |  |  |  |

### 88. 330 课程的学习每周几次？每学期几次？

从教师角度，根据本人能力和时间安排，鼓励每位教师一个学期至少开设一门 330 课程，每星期至少一次，每学期 12 ~ 14 课次。最后一次课是学生本学期学习内容展示。

从学生角度，根据个人兴趣和时间，鼓励每个孩子任意选择。每星期最多选择三天的三门课程参加。如果不选择 330 课程学习，集团也尊重家长和孩子的个人意愿。

**89. 如何组织参与 330 课程学习的学生报名？**

首先，集团统一梳理所有教师申报的 330 课程，确定授课地点和放学地点，制定好后台报名的相关技术，做好学生网上报名的准备工作。

其次，下发纸质报名通知，做到人手一份，告知在规定时间内进行网上选课报名。让每个报名参加的学生、家长都明确自己所报课程的上课时间、地点、授课教师及放学地点等相关信息。

【课外活动选课步骤】

1. 扫描二维码，关注该账号；

2. 回复史家小学，就会收到推送的链接网址；

3. 填写报名表并提交。

注：各位家长提交完报名表后，须对学生每次上课的科目、班级、人数及放学地点等信息做好记录。

**90. 330 课程授课教师的职责是什么？**

根据课程目标，制定课程计划，并落实执行。每学期开学后，通过招募学生组织好上课班级。管理好每次活动时学生的出席情况，及时与家长沟通，确保每名学生按时到达上课教室。认真组织教学，及时调整教学设计，努力达成教学目标。每个学期的最后一次课，是学生课程学习展示。要针对一个学期的课程学习，评价每名学生的学习状况，同时为每名学生搭设展示学习成果的舞台。课程结束后，要上交所有课程资料（教案、签到表、展示成果等）。

**91. 330 课程管理教师的职责是什么？**

根据 330 课程建设初期的实际情况，集团可以批准教师聘请校外人员担负起课程内容的建设工作。集团教师履行管理教师职责。管理教师必须与家长建立沟通，掌握每个孩子每次学习出勤情况及课上学习态度，及时收集授课教师的课程资料。在此过程中，管理教师也是课程的学习者，要让自己努力成为课程的执行者。

# 第十部分：教育教学督导工作

## 91. 史家集团学生发展督导评价指标有哪些？

| 序号 | 一级指标 | 二级指标 | 量化评价标准 | | | |
|---|---|---|---|---|---|---|
| | | | A(10) | B(8) | C(5) | D(3) |
| 1 | 身 | 落实集团体育健康工程，有计划，有实施；能突出校区特色；学生体质健康达标 | | | | |
| | | 学生疾病防治控制工作开展符合规范 | | | | |
| | 心 | 结合学科和学生年龄特点，逐步探索开展心理健康教育工作，有计划、有实施、有特色 | | | | |
| | | 在积极探索和大胆实践的基础上，创设校区心理课程系列，具有一定的示范性 | | | | |
| | | 积极开展集团"种子计划"中学生基本意识的培养工作，给学生搭建形式多样的展示平台（不少于两种形式） | | | | |
| 2 | 智 | 落实集团无边界课程，校区部门有计划、有特点、有突破、有实施、有成果 | | | | |
| | | 课堂教学关注学生专注与绽放，创建校区"专注、绽放"数据事例集，具有一定的示范性（如学生学业成长 24 点记录） | | | | |
| | 趣 | 集团金牌项目在校区的推广和校区特色项目的建立实施，有计划、有方案、有成效 | | | | |
| | | 校区学生呈现主动性和自主性结合的学习状态，有计划、有实施、有展示 | | | | |
| | | 校区有培养学生兴趣的典型事例，可借鉴推广 | | | | |

注：（一）关于督导评分标准：

A 级：相关工作认真落实到位，实效明显。

B 级：相关工作基本落实到位，效果较好。

C 级：相关工作能够落实，取得一定效果。

D 级：相关工作有所推进，效果一般，且有欠缺。

（二）关于督导评价方法：

1. 与校区领导座谈，听取情况介绍。

2. 查阅相关资料。

3. 对教师、学生进行简要的调查。

4. 查看活动记录、阶段性总结。

5. 参加督导工作的人员经讨论确定督导评价等级及量化得分。

## 92. 史家教育集团教师发展评价指标体系是什么？

| 一级指标 | 二级指标 | 指标内容 | 分值 | 得分 |
|---|---|---|---|---|
| 流动 | 1. 人员流动 | ①教师流动有计划有步骤。<br>②积极鼓励流动教师在属地做贡献，措施有效 | 10 | |
| | 2. 项目流动 | ①校区的优势项目具有特色。<br>②优势项目能在集团内推广。<br>③集团优势项目在各校区辐射 | 10 | |
| 协同 | 3. 教师发展体系 | ①教师发展作为校区特色有顶层设计，目标明确。<br>②有实施方案并可行。<br>③教师发展有成效 | 10 | |
| | 4. 教师管理 | ①坚持集团育人方向，立德树人，成为学生楷模<br>②坚持集团课程改革方向，参与教学改革。<br>③教师水平持续改善，有成绩。<br>④注重青年教师发展 | 10 | |
| 荣点 | 5. 教师培训 | ①教师培训有计划、有实施。<br>②通过教科研渠道对教师进行培训。<br>③教师培训有成效 | 10 | |
| | 6. 教师激励 | ①建立领袖教师群管理机制。<br>②为教师全面发展提供平台 | 10 | |
| 复盘 | 7. 工作完成情况 | ①推广集团无边界课程理念。<br>②积极改变、创新课堂教学模式，注重学生创意表达，以及学习中的专注与绽放。<br>③学生活动有成效。<br>④教师发展成效显著 | 10 | |
| | 8. 工作反思 | ①重点工作有反思、有收获、有总结。<br>②重大活动目标实现情况。<br>③超额完成工作的内容及原因。<br>④没有完成工作的内容、原因及改进方式 | 10 | |
| 督导 | 9. 检查落实 | ①各位干部主要职责完成情况。<br>②干部所在部门教师队伍发展状况。<br>③依法办学的相应制度流程清晰 | 10 | |
| | 10. 发挥作用 | 各校区形成亮点工作经验 | 10 | |

## 93. 学生学业成长 24 点评价执行方案的主要内容是什么？

为适应基础教育评价制度改革的要求，集团推出学生学业成长树——24

点评价，记录学生一到六年级各科学习、成长的足迹。从横向看，涉及各年级语文、数学、英语、音乐、体育、美术、科学、劳技等各学科；从纵向看，每个学科每学年选取 4 个成长点，6 年共 24 个点，将全面记录学生成长过程中重要而真实的学业情况，帮助学生将成长过程中有意义、有价值的学习资料保存下来。

【评价目标】

丰富学业质量评价的内涵，注重过程性评价，促进学生发展。评价不再仅仅是甄别和选拔学生，而是促进学生潜能、个性、创造性的发挥，使每一个学生具有自信心和持续发展的能力。

引导学校开展在全面质量观指导下的教学与评价活动。减轻学生课业负担，引领教师、学生、家长，从过度注重学科知识成绩转向学生全面发展的评价。确保教育教学改革朝着有利于学生全面发展、终身发展、健康成长的方向迈进。

【选点依据】

（1）关注导向性。选取的内容应遵循党的教育方针，体现育人为本的宗旨，弘扬民族精神，贯彻落实科学发展观。

（2）力求系统性。选取的内容应从培养"和谐发展的人"的集团整体育人目标出发，选择与本学科核心素养紧密相关的采集点，结合学生实际整体设计，使同一评价要素在不同学段、年级按不同的标准要求体现评价的系统性、层次性和递进性，各个学段相互联系、螺旋上升，最终达成总目标。

（3）体现综合性。选取的内容不仅体现学生的基础知识、基本技能，更能体现学生的好奇心、求知欲、自主学习、创新思维等高层次能力的发展，且能衡量学生身心健康、品德行为等非智力因素。

（4）突出发展性。选取的内容应体现"一切为了孩子、一切为了明天"的集团精神。学生成长处于不断变化发展的过程中，"24 点"能够激励与促进学生的全面发展和个性发展，激发学生的潜能，利于学生认识自我、建立自信，促进学生健康成长。

【记录方法】

24 点学生成长过程的记录方式主要有几下几种，各学科教师可以根据学科的实际情况、学科特点等进行记录。

（1）纸质信息记录方式。即收取和保留学生不同学段的作业，根据各学科教师确定的采集点，进行作业的收集和保存工作。例如，美术、书法等学科可以是学生的绘画作品，教师对学生各个年级的作品进行选点保留；语文学科则可以为学生建立自己的成长记录夹，留存孩子从一句话到一篇文章的 24 个学业点。

（2）音视频类信息记录方式。由于各学科特点不同，因此各学科教师可以选用音视频类的记录方式为学生采集 24 点的学业成绩。例如，音乐学科可以录制一首歌曲；舞蹈学科可以录制一段舞蹈或者是训练的过程等。

（3）数据类信息记录方式。适用于一些需要用数据来证明学生发展变化的学科。例如，体育学科要做好每年的体质测试，全面记录学生的达标成绩，可以用数据统计图或折线图的形式来关注学生身体健康、体能发展情况。

（4）照片类信息采集方式。适用于动手操作性课程的学业成果记录。例如，在劳技、科技等学科中，对于学生自己动手制作的小制作、美食、小实验、小发明等，教师可以对其拍照保留。

【记录注意事项】

对于以上 24 点学业成果的记录方式，教师可以根据本学科的实际情况进行选择，需要注意的是教师要在每个学年更换的时候，做好学生作业的交接工作。因此，学生作业档案夹建立应该以入学时间为标记，如"2013 届 9 班学生作业档案"，以避免交接时学生作业档案丢失。同样，如果是电子档案，那么文件夹名称也应以入学时间命名。

学生学业成长 24 点记录可以作为交给学生的"毕业礼物"。各学科教师通过记录学生六年来的成长过程，引起学生的自我发现和自我认识，从而引发学生自我监控和反思意识，帮助他们顺利步入中学。

【评价方法】

（1）评价方式。以形成性评价为主、多元评价为辅的评价方法。学生 24 点的评价方法不同于每一次的学习成果评价，是关注过程性评价，即通过学生自身成绩的纵向比较发现学生的进步和变化。这个过程切忌进行横向比较，因为每名学生的实际情况不同，学生间存在着个体差异，因此，教师的评价点应该在纵向形成性评价上。

（2）评价的人员。评价者可以是教师、同伴、家长，也可以是学生自己。学生可以根据自己一至六年级的所有作业对自己进行正确的评判。

（3）评价结果的记录形式

评价的结果建议打破常规的分级制，建立曲线评价机制，即学生根据24点为自己描绘成长曲线图，根据曲线图的大趋势看自己的发展状况。此外，教师、学生在评价曲线图的基础上还可以撰写成长评语，让学生进一步反思自己还存在的问题及需要改进的地方。

总之，24点学生作业成果的采集本身就是在关注学生的成长历程，因此，评价方式一定要以形成性评价为主。

### 94. 语文学科核心素养采集点有哪些？

| 年级 | 上学期 | | 下学期 | |
|---|---|---|---|---|
| | 第一个点 语言建构与运用 | 第二个点 思维发展与提升 | 第一个点 审美鉴赏与运用 | 第二个点 文化传承与理解 |
| 一 | 完整地写一句话 | 合理想象 | 诵诗 | 背诵《弟子规》 |
| 二 | 看图写几句话 | 错题分析 | 课本剧 | 古诗文诵读 |
| 三 | 围绕一个意思 写一段话 | 问题推理 | 诵读 | 综合实践活动 （传统文化） |
| 四 | 观察日记三则 | 阅读理解 | 小报 | 书法 |
| 五 | 想象作文 | 评价人物 | 课本剧 | 综合实践活动 （遨游汉字王国） |
| 六 | 小学生活二三事 | 错因分析 | 阅读小报 | 综合实践活动 （轻叩诗歌大门） |

### 95. 数学学科核心素养采集点有哪些？

| 年级 | 上学期 | | 下学期 | |
|---|---|---|---|---|
| | 第一个点 | 第二个点 | 第一个点 | 第二个点 |
| 一 | 解决问题 | 错题整理或知识梳理 | 结合综实课内容 | 错题整理或知识梳理 |
| 二 | 解决问题 | 错题整理或知识梳理 | 结合综实课内容 | 错题整理或知识梳理 |
| 三 | 解决问题 | 错题整理或知识梳理 | 结合综实课内容 | 错题整理或知识梳理 |

续表

| 年级 | 上学期 | | 下学期 | |
|---|---|---|---|---|
| | 第一个点 | 第二个点 | 第一个点 | 第二个点 |
| 四 | 解决问题 | 错题整理或知识梳理 | 结合综实课内容 | 错题整理或知识梳理 |
| 五 | 解决问题 | 错题整理或知识梳理 | 结合综实课内容 | 错题整理或知识梳理 |
| 六 | 解决问题 | 错题整理或知识梳理 | 结合综实课内容 | 错题整理或知识梳理 |

　　注：一是关注学生知识技能的成长轨迹，通过六个年级的24点采集，记录学生每一个学年知识学习的成长轨迹。根据数学学科综合实践活动课的构建，记录学生在学习过程中的表现、感受或通过学习完成的作品。二是关注学生学习方法和学习能力的提升。学习方法和学习能力主要是通过学生每个学期的单元知识梳理、知识领域板块的梳理、单元错题整理等，培养学生的反思能力和综述能力，让学生的学习形成知识网络，对知识有整体的认知。

## 96. 英语学科核心素养采集点有哪些？

| 年级 | 上学期 | | 下学期 | |
|---|---|---|---|---|
| | 第一个点 | 第二个点 | 第一个点 | 第二个点 |
| 一 | 一次长作业展示 | 一次绘本故事表演 | 一次长作业展示 | 一次绘本故事表演 |
| 二 | 一次阶段测验试卷 | 一次英文故事讲解 | 一次阶段测验试卷 | 一次英文故事讲解 |
| 三 | 一次家庭作业展示 | 一次英文故事讲解 | 一次家庭作业展示 | 一次英文故事讲解 |
| 四 | 一次读书笔记展示 | 一次课前表达展示 | 一次读书笔记展示 | 一次课前表达展示 |
| 五 | 一次错题整理展示 | 一次外教交流展示 | 一次错题整理展示 | 一次外教交流展示 |
| 六 | 一次单元梳理展示 | 一次毕业感言展示 | 一次单元梳理展示 | 一次毕业感言展示 |

## 97. 品德与生活、品德与社会学科核心素养采集点有哪些？

| 年级 | 上学期 | | 下学期 | |
|---|---|---|---|---|
| | 第一个点 | 第二个点 | 第一个点 | 第二个点 |
| 一 | 叶子的一生 | 我长大了 | 小动物变形记 | 夏天 |
| 二 | 动脑拼七巧板 | 自制小泥人儿 | 我们一起做手工 | 心情脸谱 |
| 三 | 新闻播报 | 兴趣专栏 | 新闻播报 | 小小校园安全员 |
| 四 | | 特色购物场所我知道 | | 媒体我推荐 |
| 五 | 三分钟小老师 | 独特的中国汉字 | 三分钟小老师 | 走进北京新农村 |
| 六 | | 史家特色外交礼品 | | 我的地球我保护 |

　　【叶子的一生】秋天到了"赤橙黄绿秋景美"，记录一片叶子的春夏秋冬，感受四季的变化。

　　【我长大了】依托教材"我的成长"，用自己喜欢的方式记录自己的成长和变化，并为此而感到高兴。

【小动物变形记】依托教材"春天"，通过记录小动物的变形过程，感受春天的生机勃勃。

【夏天】依托教材"夏天"，用"思维导图"的方式记录夏天、感受夏天。

【动脑拼七巧板】七巧板既可以培养学生的想象力，也可以培养学生的抽象能力，让学生在动手脑的过程中体会乐趣、提高能力。

【自制小泥人儿】泥人儿是中国的传统玩具，让学生在制作泥人的过程中感受泥人儿艺术的风采，体会蕴藏在泥人儿艺术中精益求精的精神。

【我们一起做手工】学生自愿分组制作手工作品，在制作过程中体验合作的乐趣，寻找沟通合作的方法，感受成功的喜悦。

【心情脸谱】通过制作心情脸谱，加深对情绪的认识，并寻找适合自己的疏解情绪的方法。

【新闻播报】【三分钟小老师】是一个连续性作业。"新闻播报"的对象为三、四年级学生。学生从关注身边的社会开始，搜集自己喜欢的一则新闻，为大家进行播报，内容自主进行选择，但是有规范的格式。"三分钟小老师"的对象为五、六年级学生。学生根据教材内容，收集与教材内容有关的自己喜欢、有意思的知识，进行梳理。同时还要附上这段资料的原稿，上面要有学生的筛选和批注，学生用自己的语言进行整理。这个连续性作业，让学生从关注身边的社会到收集与教材内容有关的资料，并进行筛选、重组，能够提升学生收集、处理信息及表达等能力。

【兴趣专刊】引导学生正确认识自己的优点和兴趣爱好，将爱好变成一技之长，建立起自尊、自爱和自信，进而使学生能够勇敢、自信地面对学习和生活。

【小小校园安全员】了解校园中的安全规定和措施，发现安全隐患，引导学生在学校生活环境中注意保护自己，并感受校园生活的平安与快乐。

【特色购物场所我知道】通过自主选择介绍国外特色购物场所，开阔学生的眼界，拓宽学生的学习思路，使学生更加全面地认识购物场所的地位和作用。

【媒体我推荐】引导学生从小正确、全面地了解和认识各种传播工具，正确地选择和利用传媒，体会传媒与生活的关系，激发学生的探求欲望。

【独特的中国汉字】从汉字艺术化的角度，学生自己设计一个汉字。

【走进北京新农村】学生可以依据自己的生活经历，也可以学完这节课后走进北京新农村，发现新农村的变化，感受农村的发展与我们生活的关系，培养学生观察、表达等能力。

【史家特色外交礼品】依托教材《成功外交牵手世界》，并结合学校每年都会和来自不同国家的学生交流和学习的实际，正所谓"外交无小事，送礼有学问"，由学生设计一件能够传递友谊的史家特色外交礼品。

【我的地球我保护】引导学生了解地球的环境和资源问题，关注当今世界的环保热点问题。学生可以在作业中介绍世界环境和资源问题的历史与现状，也可以就解决国内外的环境问题提出自己的建议和设想。初步达到增强学生的环保意识，逐渐养成学生环保的行为习惯和生活方式的目标。

**98. 科学学科核心素养采集点有哪些？**

| 年级 | 上学期 | | 下学期 | |
|---|---|---|---|---|
| | 第一个点 | 第二个点 | 第一个点 | 第二个点 |
| 三 | 报告册和有代表性的记录 | 单元学习小报 | 报告册和有代表性的记录 | 单元学习小报 |
| 四 | 科学小报 | 报告册 | 科学小报 | 报告册 |
| 五 | 报告册的填写、与教学相关的科技小报 | 自制蜡烛 | 报告册的填写、与教学相关的科技小报 | 自制蜡烛 |
| 六 | 制作单元梳理小报或PPT | 报告册 | 制作单元梳理小报或PPT | 报告册 |

【科学观察实验报告册】

（1）三、四年级孩子刚开始学习接触科学这一学科，本着从基础抓起，教会学生基本的观察、记录、分析的思想，安排此项作业。学生可以选择自己记录最好的一页进行留档。

（2）五年级学生实验设计能力、记录水平有所发展，实验数量也增多了，可以选择整本"报告册"作为发展性评价工具。

【单元学习小报】

（1）三、四年级的学生具有一定的书写和绘画能力，教师可以对确定主题、选择资料、布局选图等进行多方面指导。

（2）五、六年级学生的科学小报要求在课上完成，课时为 2 学时。这样的安排旨在为孩子减除课余负担，并排除家长帮忙等因素。与三、四年级相比较，可以看到学生的成长和发展。

（3）六年级科学实验少，不适合安排科学实验记录。他们的思维正在由形象思维向抽象思维、逻辑思维发展，学生具有一定的信息技术水平，有的学生更愿意使用信息手段完成作业。

【科技小报或科技制作】

五年级学生是参加科技竞赛的主力，校本设计制作水平发展到了可以参赛的阶段。同时，创新精神和实践能力也达到了一定的高度，适合安排实践性科技制作的活动。比如，制作蜡烛就是很好的科技制作活动，这是教材内容的要求，也充分体现学生的创新精神和实践能力。

### 99. 信息学科核心素养采集点有哪些？

| 年级 | 上学期 | | 下学期 | |
|---|---|---|---|---|
| | 第一个点 | 第二个点 | 第一个点 | 第二个点 |
| 一 | 绘制形状 | 形状组合 | 复制粘贴 | 综合创作 |
| 二 | 文件夹的建立 | 字母键 | 输入文字 | 修饰作品 |
| 四 | Word 中的编辑文章 | 综合实践制作海报 | PPT 中的媒体形式 | 超级链接 |
| 五 | 鼠标追随 | 条件判断 | 广播与接收 | 计数器 |

【绘制形状】绘制形状是重点知识点，既能够对本节课的新知识绘制形状方法有所体现，也能够对本课之前的鼠标操作、打开软件、打开文件等知识有所体现。

【形状组合】学生能够通过利用不同形状之间的组合，绘制出不规则的图案，认识到画图软件中形状工具的重要性。

【复制粘贴】复制粘贴是计算机操作时的重要概念，也是一年级学习画图软件的重要知识点。复制粘贴是学生第一学期学习形状工具和第二学期学习调整对象之间的过渡，是学习改变大小、旋转等知识点的基础。

【综合创作】学生在一年级第二学期完成画图软件的学习。综合创作是学生整合知识及相应的实践能力和创作能力的综合体现。

【文件夹的建立】学生能在指定位置建立一个带自己学号的文件夹。

【字母键】学生在学习字母键后，完成相应的打字练习。

【输入文字】在学习完成汉字输入后，可以完整地打出一句话。

【修饰作品】学生可以对自己的作品进行字体、字号、颜色等修饰。

【Word 中的编辑文章】通过学习，学生可以完成复制、移动、设置文字格式、设置段落页面等操作。

【综合实践制作海报】考查学生综合运用所学知识的能力。

【PPT 中的媒体形式】演示文稿可以很好地表现动态的效果，作品中要能用音、视频等多种媒体形式来表现。

【超级链接】这个知识点是教学中的重点，它能很好地体现出演示文稿的交互性，丰富展示的效果。

【鼠标追随】让学生了解如何编写程序让角色动起来，并且能对角色的运动方向加以控制。

【学生编写的程序】运用条件判断语句是程序教学中很重要的一环，学生要能对一些条件加以判断，并运用作品来表现。

【广播与接收】学会角色间广播消息的发送与接收，能够运用这些模块控制不同角色之间的交互。

【学生编写的程序】通过计数器的设计，了解 scratch 中用变量模块实现数据的存储与表达的过程。

**100. 书法学科核心素养采集点有哪些？**

| 年级 | 上学期 | | 下学期 | |
|---|---|---|---|---|
| | 第一个点<br>6～7 周 | 第二个点<br>14～15 周 | 第一个点<br>6～7 周 | 第二个点<br>14～15 周 |
| 一 | 简单古今字对比 | | | |
| 二 | 对临一首古诗 | | | |
| 三 | 廓钩填墨 | | | |

续表

| 年级 | 上学期 | | 下学期 | |
|---|---|---|---|---|
| | 第一个点<br>6～7 周 | 第二个点<br>14～15 周 | 第一个点<br>6～7 周 | 第二个点<br>14～15 周 |
| 四 | 跳格临摹 | | | |
| 五 | 间架结构 | | | |
| 六 | 勤礼大楷 | | | |

注：采集形式以小组为单位，多人合照一张；低年级两次硬笔；中高年级硬笔比赛＋软笔比赛作品各一次，具体单元根据实际授课进度决定。

## 101. 音乐学科核心素养采集点有哪些?

| 年级 | 上学期 | | 下学期 | |
|---|---|---|---|---|
| | 第一个点<br>4～6 周 | 第二个点<br>14～16 周 | 第一个点<br>4～6 周 | 第二个点<br>14～16 周 |
| 一 | 用自然的声音进行演唱，加手势演唱自然音阶 | | 结合律动演唱歌曲、结合打击乐演唱歌曲 | |
| 二 | 用纯净的声音有表情演唱歌曲。加手势演唱自然音阶 | | 用自然、轻巧、圆润的声音并结合打击乐演唱歌曲 | |
| 三 | 用良好的、科学的演唱状态进行有表情演唱。初步接触卡农音乐形式，能用多种形式进行合作 | | 能够进行卡农片段的演唱，能够完整演唱卡农歌曲 | |
| 四 | 运用准确演唱方式完成齐唱歌曲的演唱。渗透二声部演唱形式在歌曲中的运用 | | 配合二声部合唱开展并完成和声训练。具备完整演唱二声部合唱作品的能力 | |
| 五 | 学会用科学的发声方法演唱声乐作品。针对二声部合唱作品开展相关音基的训练 | | 逐渐给学生建立合唱倾听意识，演唱作品。能够在相互倾听的基础上，准确地诠释合唱声乐作品 | |
| 六 | 学生演奏自行创编的节奏并用打击乐器为歌曲伴奏。学生在完成合唱的同时，运用打击乐器进行创编并为歌曲伴奏 | | 学生演奏自行创编的伴奏旋律并用器乐为歌曲伴奏。学生在完成合唱的同时，运用器乐进行创编并合理的组合为歌曲伴奏 | |

注：采集形式以小组、班级展示的形式录制视频。依据《音乐课程标准》，对学生的音准、节奏、演唱、合唱、音乐创造能力的培养由浅入深、不断提高。

### 102. 美术学科核心素养采集点有哪些?

| 年级 | 上学期 | | 下学期 | |
|---|---|---|---|---|
| | 第一个点<br>1~4周 | 第二个点<br>14~18周 | 第一个点<br>1~4周 | 第二个点<br>14~18周 |
| 一 | 线条表现 | 颜色运用 | 线条表现 | 颜色运用 |
| 二 | 大胆创作 | 色彩搭配 | 大胆创作 | 色彩搭配 |
| 三 | 色彩表现 | 人物塑造 | 色彩表现 | 人物塑造 |
| 四 | 线描表现 | 国画创作 | 线描表现 | 国画创作 |
| 五 | 设计创作 | 工艺制作或色彩创作 | 设计创作 | 工艺制作或色彩创作 |
| 六 | 风筝或国画创作 | 刮画或色彩表现 | 风筝或国画创作 | 刮画或色彩表现 |

注:记录形式以小组合照的形式拍摄美术作品。

依据《美术课程标准》并结合《史家教育集团育人工作手册》中艺术学科特色,进行学科核心素养采集点的设计。

### 103. 劳技学科核心素养采集点有哪些?

劳技课从三年级开始开设,记录形式以小组合照的形式拍摄劳技作品。

【三年级】通过相同内容的连续性学习,体现学生成长轨迹。

【四年级】两个相同的内容反映学习从易到难的过程,体现学生成长轨迹。

【五年级】两个基本"中国结"采用的是同样的编制方法,但在制作技法和水平上又有所提升,以此体现学生的成长轨迹。

【六年级】在同一内容的连续性学习中,学习设计图的绘制方法,体现学生设计能力的形成和发展轨迹。

| 年级 | | 采集内容 | | 采集时间 |
|---|---|---|---|---|
| 三 | 上学期 | 第一个点 | 纸工制作 | 1~10周 |
| | | 第二个点 | 泥工制作 | 11~13周 |
| | 下学期 | 第一个点 | 纸工制作 | 1~8周 |
| | | 第二个点 | 泥工制作 | 9~14周 |
| 四 | 上学期 | 第一个点 | 纸工 | 1~8周 |
| | | 第二个点 | 纸工 | 9~14周 |
| | 下学期 | 第一个点 | 手工缝纫 | 1~6周 |
| | | 第二个点 | 手工缝纫 | 7~13周 |

续表

| 年级 | | 采集内容 | | 采集时间 |
|---|---|---|---|---|
| 五 | 上学期 | 第一个点 | 十字结 | 1~4 周 |
| | | 第二个点 | 菊花结 | 5~8 周 |
| | 下学期 | 第一个点 | 金属丝造型 | 1~5 周 |
| | | 第二个点 | 金属丝造型 | 6~10 周 |
| 六 | 上学期 | 第一个点 | 木工制作设计图 | 1~5 周 |
| | | 第二个点 | 木工制作设计图 | 6~10 周 |
| | 下学期 | 第一个点 | 木工制作设计图 | 1~5 周 |
| | | 第二个点 | 木工制作设计图 | 6~10 周 |

## 104. 舞蹈学科核心素养采集点有哪些？

记录形式：以小组合作展示的形式，图片、视频均可。

第一学年采集时间：第一个点（3~5 周）、第二个点（16~18 周）；第二、第三学年根据教学进度进行采集。

依据《艺术素质测评标准》并结合《史家教育集团育人工作手册》中艺术学科特色，进行学科核心素养采集点的设计。

| 年级 | 上学期 | | 下学期 | |
|---|---|---|---|---|
| | 第一个点 | 第二个点 | 第一个点 | 第二个点 |
| 一 | 基本舞姿、舞蹈动作要素与技能 | | 舞蹈协调与节奏能力、舞蹈模仿与创造能力 | |
| 二 | 舞蹈动作要素与技能、舞蹈模仿与创造能力 | | 舞蹈表现与合作能力、舞蹈与其他学科 | |
| 三 | 舞蹈动作要素与技能、舞蹈模仿与创造能力 | | 舞蹈表现与合作能力、舞蹈与其他学科 | |

## 105. 体育学科核心素养采集点有哪些？

【一、二年级可选内容】符合低年级学生身心特点，结合体质健康测试项目及游戏类项目，记录低段学生在学习过程中的精彩绽放。

【三、四年级可选内容】符合中年级学生身心特点，结合体质健康测试项目及校本类课程，记录中段学生在学习过程中的精彩绽放。

【五、六年级可选内容】符合高年级学生身心特点，结合体质健康测试项目及中小衔接类校本课程，记录高段学生在学习过程中的精彩绽放。

【体育创意表达】为应对极端天气，丰富室内课的内容与形式，以介绍体育知识、体育故事、普及锻炼方法等内容为主。内容来源包括书籍、报纸、网络、电视、自身经历等，学生要将这些内容收集、汇总、形成自己的理解。拓展学生知识面，培养语言表达的能力，（体育学科）给学生一次自信展示自我的机会。

将这些精彩瞬间收集成影像资料，作为学生 24 点成长记录中的一项重要内容，在毕业时给学生一个生命绽放的美好回忆，是一件非常有意义的事情。

| 年级 | 上学期 | | 下学期 | |
|---|---|---|---|---|
| | 第一个点 | 第二个点 | 第一个点 | 第二个点 |
| 一<br>二 | 50 米跑<br>坐位体前屈<br>跳绳（单摇、八字跳长绳）<br>肺活量<br>游戏类 | 体育创意<br>表达 | 50 米跑<br>坐位体前屈<br>跳绳（单摇、八字跳长绳）<br>肺活量<br>游戏类 | 体育创意<br>表达 |
| 三<br>四 | 跳绳（单摇、八字跳长绳）<br>游泳<br>乒乓球<br>仰卧起坐<br>广播操 | 体育创意<br>表达 | 跳绳（单摇、八字跳长绳）<br>游泳<br>乒乓球<br>仰卧起坐<br>广播操 | 体育创意<br>表达 |
| 五<br>六 | 跑步<br>跳绳（单摇、八字跳长绳）<br>篮球<br>足球<br>排球 | 体育创意<br>表达 | 跑步<br>跳绳（单摇、八字跳长绳）<br>篮球<br>足球<br>排球 | 体育创意<br>表达 |

**106. 史家教育集团学生课堂表现 AB 评价的主要内容是什么？**

AB 评价包括课堂中学生专注与绽放情况记录，以及每名学生个体学习主动情况记录，分别从教和学的角度帮助教师和学生记录整节课的课堂情况和每个学生的课堂表现，彰显在"成长之中"和"关系之中"的课堂评价的价值追求。

【评价目标】

丰富课堂评价的内涵，注重过程性评价，促进学生发展。评价不再是甄别和选拔学生，而是促进学生潜能、个性、创造性的发挥，使每一个学生具有自信心和持续发展的能力。

引导学校开展在全面质量观指导下的教学与评价活动。减轻学生课业负担，引领教师、学生、家长，从过度注重学科知识成绩转向学生全面发展的评价。确保教育教学改革朝着有利于学生全面发展、终身发展、健康成长的方向迈进。

（1）关注导向性。应遵循党的教育方针，体现育人为本、德育为先的要求，贯彻落实基于三维目标的课堂评价。

（2）力求统整性。AB 评价的内容和形式应体现"一切为了孩子、一切为了明天"的集团精神，指向培养"和谐发展的人"，以促进学生完整人格的形成为追求，力求为每名学生的健康成长奠基。

（3）体现层次性。AB 评价从专注和绽放两个层次，将三维目标中的知识与技能、过程与方法和情感态度与价值观嵌入其中，从不同层次对课堂进行评价。

（4）突出发展性。记录学生在课堂中的参与度，通过对某一时间段内学生在不同课堂参与度的数据分析，发现学生参与课堂的特征变化，从而有针对地激励并促进学生的全面发展。

【评价内容】

（1）学生课堂表现的专注与绽放。专注分为思维和兴趣两个维度；绽放分为创意与表达两个维度。思维又分为积极思考与精力集中，兴趣又分为主动参与和持久发展；创意又分为想象丰富和形式多样，表达又分为自然大方和表情达意。

学生课堂表现的专注与绽放维度

| 一级指标 | 二级指标 | 三级指标 | 评价内容 |
|---|---|---|---|
| 专注 | 思维 | 积极思考 | 主动提问＋敏捷应答＋踊跃讨论 |
| | | 精力集中 | 专心听讲＋深入思考＋规范操作 |
| | 兴趣 | 主动参与 | 交流讨论＋积极体验＋自主探究 |
| | | 持久发展 | 寓学于趣＋动力递增＋转趣成志 |

**续表**

| 一级指标 | 二级指标 | 三级指标 | 评价内容 |
|---|---|---|---|
| 绽放 | 创意 | 想象丰富 | 着眼变化＋多向关联＋触类旁通 |
| | | 形式多样 | 角度新颖＋材料新鲜＋结论新特 |
| | 表达 | 自然大方 | 叙述清晰＋声音洪亮＋各抒己见 |
| | | 表情达意 | 感情丰富＋主题明确＋言简意赅 |

（2）课堂观察后记。课堂观察后记通过描述取向的评价，能够有效地弥补量化取向课堂评价的不足，为优化课堂提供策略。

（3）学生主动参与课堂情况。AB评价对学生主动参与课堂情况进行统计，尊重学生的主体地位，发挥学生的主观能动性，让学生真正成为学习的主人。

【评价方法】

（1）评价方式。以定性分析为主，量化处理为辅。学生课堂表现AB评价表得到的量化数据，需要通过定性分析解释说明，课堂评价的重心需要从学生课堂表现量的评价，转向对量的评价的质性解释。不同的课堂有各自的风格和特点，因此课堂评价点应该在纵向的形成性评价和定性分析解释方面。

（2）评价人员。评价人员可以是教师、同伴、家长，也可以是学生自己。

（3）评价结果的记录形式。教师和学生根据课堂表现AB评价记录表，绘制课堂和学生个人课堂参与度曲线图，标识课堂生长点和学生个人在课堂中的动态表现，发现课堂和学生的优势点及需要改进的方向。